THE POWER OF FAILURE TOLERANCE

개정판
실패는 나의 힘

성공을 위한
실패학

김아영 지음

초이스북

개정판
The Power of Failure Tolerance
실패는 나의 힘
성공을 위한 실패학

지은이　김아영 (Ahyoung Kim)

초판 1쇄 발행 | 2018년 1월 22일
초판 2쇄 인쇄 | 2018년 7월 16일
개정판 1쇄 인쇄 | 2024년 6월 10일

펴낸곳　초이스북
펴낸이　최혜정
디자인　이희철
일러스트　박기원
주소　서울 성북구 성북로5길 9-3
전화　02-720-7773　**팩스**　02-720-7760
이메일　choisbook@gmail.com

등록번호　제307-2012-19호
등록일자　2009년 12월 9일

저작권자　ⓒ2024 by 김아영
이 책의 저작권은 김아영에게 있습니다. 저자와 출판사의 허락 없이
내용의 일부를 인용하거나 발췌하는 것을 금합니다.

ISBN 979 11 86204 41 2 03180

값 20,000원

The Power of Failure Tolerance

Ahyoung Kim

"이 책을 하늘나라에 계신
마가렛 클리포드(Margaret M. Clifford)
교수님께 바칩니다."

목 차

추천의 글 ··· 010
프롤로그 ··· 012

제1장 실패 경험 - 독인가? 약인가?

실패에 대한 정의 ·· 020
기 살리기 교육 vs. 실패는 성공의 어머니 ···································· 021
  1. 기 살리기 교육 ··· 025
    '실패는 독'이라는 사회 통념 ··· 027
  2. 반복된 실패는 독이라는 생각 ··· 030
    학습된 무기력 현상 ·· 032
    학습된 무기력증의 피해자 '앤디' ·· 034
  3. 실패 없는 학교 만들기의 부작용 ······································ 037
    '하면 된다'는 자기효능감 이론 ·· 041
  4. 실패는 약이라는 생각 ·· 043
    무기력 – 지향성 vs. 숙달 – 지향성 ···································· 043
    "내가 이 정도 밖에 못 해?" – 건설적 실패 경험 ····················· 045

제2장 내재동기의 중요성

외적동기와 내적동기 ··· 050
  1. 자기결정성 이론 ··· 053
    자기결정성 정도에 따른 다양한 동기 유형 ··························· 054
    기본 심리 욕구 ·· 056
    자율성 지지적 환경의 효과 ·· 057

2. 플로우 상태 모형 ·· 059
　　플로우 상태의 특징 ··· 061
　　교육적 시사점 ·· 064

제3장 칭찬과 상의 역효과

　1. 외적 강화 ··· 068
　2. 칭찬이 만능은 아니다 ··· 071
　3. 내재동기 저해하는 외적 보상 ··· 074
　4. 공부를 놀이로 만드는 환경 ··· 079

제4장 실패 경험이 건설적이 되려면?

"모든 실패 경험이 다 건설적인가?" ··· 084
　1. 실패내성 ··· 088
　　실패내성의 측정 ·· 091
　　회복탄력성과 실패내성 ··· 092
　2. 실패내성 발달의 핵심요인 ·· 095
　　중간 수준의 과제 난이도 ·· 095
　　자율적 선택과 결정 – 내재동기 ··· 098
　　실패의 원인 찾기 – 인과귀인 ·· 099
　　지능에 대한 신념 – 마인드셋 ·· 103
　　공부하려는 이유 – 목표지향성 ·· 106
　　자신에 대한 긍정적 평가 – 자존감, 자기효능감 ······················· 110
　3. 한국 학생의 학업적 실패내성 ··· 116
　　과잉보호 대신 어려움 극복하는 힘 길러주기 ···························· 115

목 차

제5장 실패내성이 높은 사람

치열한 경쟁에서 적응하고 이겨낸 두 사람 ·· 122
  1. 의학도에서 뮤지컬 스타 된 마이클 리 ·· 124
      한국과 미국 오가며 뮤지컬 배우로 활동 중 ······························ 125
      성공 횟수는 실패 후 다시 도전한 횟수와 비례 ························ 127
      마이클 리의 특성 분석 ··· 129
  2. 운동선수에서 법조인 된 C ·· 148
      동네 형들과 운동하다 선수 된 C ··· 150
      지명 실패가 인생의 전환점 돼 ·· 152
      '공부'와는 담 쌓을 수밖에 없던 운동선수 시절 ······················· 153
      "실패해도 한 번 더 하면 돼" ··· 157
      C의 특성 분석 ·· 156
  3. 두 사람의 특성 비교 ·· 171
      실패에 대한 긍정적 태도 ·· 172
      실패의 원인 – 노력 부족과 잘못된 전략 ································· 173
      성장 마인드셋 ··· 174
      숙달 목표 지향성 ··· 174
      기본 심리 욕구 만족과 긍정적 자기도식 ·································· 175
      낙천적 성격과 실패내성 ··· 177

실패는 나의 힘

제6장 실패내성 증진시키기

실패 경험을 건설적으로 다루는 가치관과 전략 가르치기 ······· 180
  1. 실패를 두려워하지 않게 하라! ······· 181
    미국 대학 교과목에 오른 실패 ······· 183
  2. 실패의 원인에 대한 생각을 바꾸게 하라! ······· 187
  3. 성장 마인드셋을 갖게 하라! ······· 190
    칭찬 방법 ······· 190
    경쟁이 아닌 협력하는 상황 ······· 191
    뇌에 대한 교육 ······· 192
    성장 마인드셋을 발달시키는 구체적인 방법 ······· 194
  4. 내재동기를 증진시켜라! ······· 194
    기본 심리 욕구 만족 ······· 196
    부모의 양육태도 ······· 200
    내재동기 증진 방법 ······· 202
  5. 칭찬을 적절히 사용하라! ······· 205

에필로그 ······· 208
개정판 후기 ······· 213
부록 ······· 216
주석 ······· 227

추천의 글

- 김동일 (서울대학교 교육학과 교수/한국교육심리학회 회장)

실패는 우리 모두의 힘! 우리 시대의 교육심리학자가 건네주는 선물!

- 김성일 (고려대학교 교육학과 교수/전 한국교육심리학회 회장)

실패 없는 인생이 어디 있으랴. 실패를 두려워하면 아무 일도 할 수 없지만, 실패 과정을 피드백으로 여기면 창의적인 도전이 가능하다. 이 책은 실패에 관한 참신한 시각과 흥미로운 사례를 제시한다. 모두에게 실패를 허하라.

- 김정섭 (부산대학교 교육학과 교수/전 한국교육심리학회 회장)

'실패 없이 성공한 사람은 없다.' 여러 번 실패하면서 키운 실패내성이 우리를 성공한 사람으로 이끈다. 자녀나 학생을 오뚝이처럼 쓰러져도 다시 일어서는 아이 즉, 실패내성을 갖춘 아이로 키우고 싶은 부모나 교사는 이 책을 꼭 읽어야 할 것이다.

- **문은식** (강원대학교 유아교육과 교수/한국영재교육학회 회장)

이 책은 모든 사람이 바라는 '행복하고 좋은 삶'으로 이끄는 가정·학교·사회교육의 길잡이로, 심리학의 이론과 실천, 그리고 동기 대가로서의 학문적 지혜와 통찰이 담겨 있는 교양서이자 4차혁명시대의 긍정심리학 실천서이다.

- **박경빈** (가천대학교 교수/아시아-태평양영재협회 회장, 전 한국영재학회 회장)

급변하는 사회에서 '마음의 힘'을 키우는데 필요한 핵심 개념을 '콕' 찍어서 이론과 함께 예시를 들어 이해하기 쉽게 풀어낸 이 시대의 필독서이다. 사람의 마음을 연구하는데 평생을 바쳐온 김아영 교수님이 교육자로서의 따뜻한 마음과 학자로서의 냉철한 관찰력으로 후세의 길잡이가 될 수 있는 책을 내게 되어 기쁘다. 이 책을 통하여 진정한 마음의 근육을 키우고 성공 경험뿐만 아닌 실패의 경험을 두려워하지 않음으로써 건강하고 발전하는 사회로 발돋움하기를 기원한다.

프롤로그

지난 수십 년 동안 세계는 성공을 중시하고 칭찬을 강조하는 교육 풍토가 주도해 왔다. 이런 시대에 살면서 실패를 이야기하려고 한다. 그것도 동기를 전공한다는 교육심리학자가 말이다. 그 이유를 먼저 이야기해야 이 책에서 무엇을 주장하고자 하는지가 분명해질 것 같다.

내가 미국 아이오와대학의 박사과정에 들어가 마가렛 클리포드(Margaret M. Clifford, 1937-2003) 교수님의 조교를 하면서 실패에 관한 연구를 시작한 것이 1983년이다. 교육심리학과에서 동기(motivation) 전공의 박사 학위 논문으로 실패 후에 오는 개인의 반응에 관한 주제로 건설적 실패 이론에 관한 최초의 경험적 연구를 수행했고, 또한 박사 후 연구도 실패내성 관련 주제였으니 35년째 실패를 머릿속에 넣고 살아온 것이다.

그런데 어떻게 된 일인지 한국에 돌아와 대학에서 교편을 잡고 정년퇴직할 때까지 100편이 훨씬 넘는 교육심리학 관련 연구 논문을 발표해 왔음에도 불구하고 실패를 핵심 주제로 한 연구 논문이나 글을 쓴 것은 열 손가락 안에 꼽힐 정도다. 굳이 변명 섞인 이유를 대자면 아마도 그 주제가 한국에서 너무 민감해서 감히 건드리기가 두려워서였는지 모르겠다.

지난 35년을 돌이켜 보면, 나는 "학자는 연구와 논문으로 말한다."를 모토로 살았기 때문에 대학 재직 중에는 연구하고 가르치는 일에만 집중해 왔다. 그러나 정년퇴임한 후부터 실천적 학문인 교육심리학 전문가로서 할 일을 제대로 했는가에 대한 자책감이 머릿속을 떠나지 않았다. 더욱이 신문과 방송에서 너무 자주 실패 때문에 극단적인 선택을 하는 사람들의 이야기를 접하면서, 실패를 연구한 교육심리학자로서 내가 그동안 방관자로 살아왔다는 죄책감이 끊이지 않았다.

이런 부담감에서 조금이라도 벗어날 수 있기를 바라는 마음이 이 책을 쓰기 시작한 첫 번째 이유이다. 그동안 쌓아 놓은 실패 경험의 긍정적인 측면을 일반 대중에게 알려서 실패 경험을 기피하려는 사회 분위기를 바꾸는데 일조할 수 있기를 희망하면서 말이다.

이 책을 쓰게 된 또 다른 이유가 있다. 심리학은 인간의 마음과 행동을 연구해서 개개인이 스스로를 이해하고 다른 사람들을 이해해서 보다 행복한 삶을 사는데, 그리고 보다 행복한 사회를 만드는데 도움을 주는 것이 중요한 목적인 학문이다. 그런데 심리학 관련 이론이나 연구

보고서들은 전공하지 않은 사람들은 쉽게 접하기 어려운 문제가 있다. 그러므로 소위 대중심리학(pop psychology) 저서들이 필요한 것이다. 그러나 교직에 있는 동안에는 그저 생각만 할 뿐, 그런 저술에까지 관심을 둘 여력이 없었다. 이제 퇴직을 하고 더 이상 학술 논문을 써야할 의무에서 벗어난 지금부터 내가 알고 있는 유용한 심리학 지식들을 쉽게 교육 현장에서 혹은 실생활에서 적용하는데 조그만 도움이 되기를 희망하면서 이 책의 집필을 시작했다.

실패 가르치는 미국 대학

세계적인 추세에 걸맞게 지난 수십 년 간 한국 역시 성공 지향적인 사회였다. 실패는 개인을 피폐하게 만들기 때문에 가능하면 피해야 하는 것이라 믿으며 성공 경험을 강조하는 풍조가 널리 퍼져 있다. 그러나 성공만을 경험하고 산다는 것은 불가능한 일이다. 삶 속에는 성공과 실패가 항상 공존하기 때문이다. 더구나 인간은 크고 작은 사회 속에서 많은 사람들과 함께 살아야 하고 따라서 제한된 성공 결과를 모든 사람들이 다 가질 수는 없다. 누군가는 실패라는 결과를 수용해야만 한다.

많은 사람들이 실패를 두려워하게 된 중요한 이유 중 하나는 '학습된 무기력' 현상에 관한 이론이 사회 전반에 퍼져 있기 때문이다. 심리학 연구 분야에서 지난 반세기 동안 주목해온 학습된 무기력 이론은 실패의 부정적인 측면을 부각한 이론으로, 칭찬이나 보상을 강조하는 스키너(Skinner) 교수의 행동주의 강화 이론(Reinforcement Theory)[1]과 함께 실패는 인간을 피폐하게 만드는 독약과 같은 것이고 절대적으로 기피해야 하는 것으로 각인돼 왔다. 그런데 학습된 무기력 이론을 만들어낸 셀리그만(Seligman) 교수조차도 실패는 항상 파괴적인 것은 아니고 실패 경험을 하는 사람들의 30% 정도는 실패에 저항하고 실패를 통해 낙관적이 된다는 '학습된 낙관성' 개념을 새로이 내놓으며, 긍정심리학(positive psychology)을 발전시키기에 이르렀다.

실제로 최근 몇 년 사이에 성공 경험과 칭찬을 강조하는 풍토도 조금씩 변하고 있다. 고난과 역경을 딛고 일어설 수 있는 능력인 회복탄력성(resilience)과 불굴의 의지와 끈기를 의미하는 그릿(grit)의 효과가 주목 받고 있다. 심리학에서 회복탄력성이란 자아탄력성이라고도 하는데 이는 열악한 환경 속에서 많은 실패를 겪으며 자라왔어도 이런 역경과 시련을 도약의 발판으로 삼아 더욱 높이 튀어 오를 수 있는 긍정적인 힘을 의미한다. 그릿 역시 성공한 사람들에게서 볼 수 있는 특징으로 좌절을 딛고 일어나서 도전하게 하는 열정과 결합된 끈기를 의미하는 것으로 이러한 특성을 주목하는 추세는 실패 경험의 중요성에 대한 관심이 증가하고 있음을 의미한다.

집필이 한창이던 중에 2017년 7월 2일자 뉴욕타임즈의 한 기사가 내 눈길을 끌었다.

"On Campus, Failure is on the Syllabus"

'대학에서 실패를 교수요목에 넣었다'는 제목의 이 기사는 미국의 유명대학들에 들어온 많은 학생들이 만점이 아닌 시험 결과와 A가 아닌 성적을 받으면서 심각한 스트레스와 좌절을 경험하고 있어서, 이들에게 실패에 대한 생각을 바꿀 수 있도록 다양한 프로젝트를 진행하고 있다는 내용이었다. 최우수 성적을 자랑하며 전국에서 뽑혀온 학생들이 대학에 들어와 처음 경험하는 실패에 적응하고, 때로는 실패도 필요한 것임을 깨닫게 하는 프로젝트였다. 이는 실패 경험에 대한 의식이 변화하고 있으며 실패의 긍정적인 기능이 부각되고 이에 대한 관심이 높아지고 있음을 보여주는 단적인 예이다.

많이 늦은 감이 있지만 이제 지난 30년 이상 붙잡고 있었던 건설적 실패 경험과 실패내성에 관한 이론, 그리고 그 동안 쌓인 경험적 연구 결과와 이것들이 제공하는 시사점을 세상에 내놓으려고 한다. 이 책을 읽는 사람이 누구이건 아마도 살아오면서 크고 작은 실패를 경험했을 것이다. 그 실패가 각 사람에게 미친 영향은 정도에 있어서 많은 차이가 있을 것이다. 어떤 사람은 실패 경험 덕분에 한 걸음 더 나아갔을 수도 있고 또 어떤 사람은 그 실패 경험 때문에 평생을 무기력하게 살아가고 있을 수도 있다.

30년 이상 기나긴 시간의 결과로 매우 빈약한 이 책을 부끄러운 마음으로 내놓는다. 너무나도 일찍 생을 마감하신 박사과정 지도교수이며 건설적 실패이론의 창시자이신 마가렛 클리포드 교수님께서 크게 실망하시지 않기를 소원하면서, 부디 이 책을 읽은 사람들이 앞으로는 실패 경험을 건설적인 것으로 변화시킬 수 있는 높은 실패내성을 갖게 되어 행복한 삶을 영유하는데 도움이 되기를 바라면서.

이 책의 집필 방향이 심리학 전공자가 아닌 일반 대중들도 쉽게 읽을 수 있게 만드는 것이기는 하지만 심리학 이론에 기초한 내용이 많다 보니 아무래도 이론 설명이 많이 포함되어 있다. 특히 동기 이론을 설명하는 부분은 오랜 시간 노력에도 불구하고 쉽게 풀어가기가 어려웠다. 그나마 위안이 되는 것은 전공 연구자가 아닌 사람들이 이 부분을 건너뛰어도 책의 전체적인 내용을 이해하는 데 크게 어려움을 느끼지는 않으리라는 것이다.

이 책이 만들어지는데 많은 사람들의 도움이 있었다. 먼저 이화여대 심리학과 김수영 교수님께 감사한다. 김 교수님은 심리학 이론이 현장에 중요한 적용 방안을 제공하지만 일반인들이 쉽게 다가가기 어렵기 때문에 쉽게 풀어 쓴 책이 시급함을 끊임없이 나에게 주입시키셨다. 김 교수님의 그치지 않은 동기부여 덕분에 이 책이 좀 더 빨리 세상에 나오게 되었다. 또한 심리학이나 관련 분야의 전공자가 아닌 일반 대중을 위한 글은 별로 써본 적이 없는 사람이 쓰기 시작한 초기 원고를 읽으면서 "교수님, 너무 어려워요!"를 외치던 이화여대 심리학 전공 대학원 제자들에게 감사의 마음을 전한다. 집필하는 내내 그 소리를 되뇌면서 진행했다.

어렵게 결정한 새로운 시도가 실현되도록 책을 꾸미는 일을 담당해준 초이스북 최혜정 대표에게도 감사한다. 최 대표의 윤문과 교정, 제언 덕분에 부담 없이 읽을 수 있는 대중심리학 책이 나오게 되어 더욱 감사한 마음이다.

마지막으로, 매우 사적인 자신의 이야기를 책에 담을 수 있도록 인터뷰에 응해주신 뮤지컬 배우 마이클 리(Michael K. Lee) 씨와 법조인이 되기 위해 준비하고 있는 C씨에게는 글로 표현할 수 없을 만큼의 감사한 마음을 전한다.

2018년 1월
저자 김아영

제1장

실패 경험 - 독인가? 약인가?

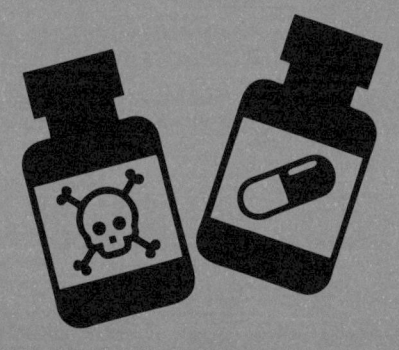

실패에 대한 정의

실패 경험을 이야기하기 전에 먼저 실패의 의미를 분명히 정의하고 시작하는 것이 필요하다. '실패'라는 단어를 국내외 사전에서 찾으면, '일을 잘못하여 그르치는 것', '원하는 혹은 의도한 목표에 도달하지 못하는 상태', '기대한 행위를 수행하지 못하는 것', '성공하지 못한 상태', 등으로 정의해 놓았다. 이처럼 실패를 정의하려면, 원하는, 혹은 기대하는 목표가 있어야 하고 그 목표에 도달하기 위한 행동, 즉 수행을 포함시키는 것이 필요하다.

여기서 중요한 것은 목표이다. 즉 어떤 목표를 세우느냐에 따라 같은 수행결과도 실패라고 평가될 수도 있고, 그렇지 않을 수도 있다. 다른 사람들과의 경쟁에서 이기는 것이 목표일 수 있고, 혹은 내가 이전에 달성했던 수준보다 향상되는 것이 목표일 수도 있다. 다른 사람들과의 경쟁에서 이기는 것이 목표인 경우는, 일등이 아니면 실패한 것이 된다. 그렇지만 이전에 했던 것보다 수행이 향상되는 것이 목표인 경우는 목표를 향해 어떤 노력을 한다면 수행이 향상될 것이고 따라서 실패라고 평가될 가능성은 별로 크지 않을 것이다.

그런데 우리는 대부분의 경우, 다른 사람들과의 비교 속에서 성공과 실패를 이야기하고, 결과를 평가한다. 경쟁이 치열한 분야에서는 당연히 성공보다 실패할 가능성이 훨씬 높기 때문에 실패라는 결과를 어떻게 받아들이는 가는 우리의 삶에 매우 중요한 영향을 미칠 것이다. 즉, 실패결과를 긍정적으로 받아들이느냐 아니면 부정적으로 받아들이느냐에 따라 실패는 약이 될 수도 있고 독이 될 수도 있다는 것이다.

이처럼 실패에 대한 태도나 입장은 크게 두 가지로 나누어 볼 수 있다. 하나는, 실패 경험은 사람들을 좌절하게 하고 불행하게 만드는 독과 같은 기능을 한다고 보는 입장이다. 다른 하나는 실패 경험은 미래의 성공을 위해 필요한 약과 같은 기능을 한다고 보는 입장이다. 이 두 가지 입장은 각기 다른 배경에서 생겨난 것이고, 각각 그러한 주장을 할 만한 근거를 가지고 있다. 이제부터 이 두 가지 입장이 나오게 된 배경을 좀 더 자세히 살펴보려고 한다.

기 살리기 교육 vs. 실패는 성공의 어머니

지난 30여 년 동안 한국의 가정이나 교육 현장에서 실패는 가능한 한 경험하지 말아야 하는 것이고, 아이는 성공 경험과 칭찬을 통해 기가 죽지 않은 당당한 사람으로 키워야 한다는 강박관념에 사로잡혀 있었다 해도 과언이 아니다. 기죽지 않고 당당한 사람으로 만들려는 '기 살리기 교육'을 강조한 사회 분위기라서 그런지, 사람들은 실패할 것 같은 상황은 아예 피하거나 도전하지 않을 뿐더러 실패 결과에도 당당하게 대처해 이겨내기 보다는 바로 좌절하고 포기하며 심지어는 우울증에 걸리는 경우를 많이 보아왔다. 다시 말해서 실패 경험을 견디는 실패에 대한 내성(실패내성; Failure Tolerance)이 부족한 것이다. OECD 자살률 1위, 아동 청소년 행복 지수 거의 꼴찌라는 뉴스를 벌써 10년 넘게 들어오면서 과연 '기 살리기' 교육이 긍정적인 효과가 있었는지, 전문가로서 심각하게 생각해 보지 않을 수 없다.[2] 결국 실패 경험은 피하고 성공 경험과 칭찬만 강조하다 보니 실패에 대한 내성은 전혀 키워주지 못했던 것은 아닐까?

사실, '기 살리기 교육'에 대한 찬성과 반대 모두 심리학적으로 설명할 수 있는 이론적 근거가 있다. 찬성하는 진영은 1960년대 미국을 중심으로 한 심리학 분야의 '학습된 무기력' 연구자들에 의해 구축되었다.[3]

반면에 반대 진영은 오랜 전통을 가지고 있다. 가장 쉽게 접할 수 있는 실례가 고대부터 내려오는 동양의 도제 제도(한 분야의 전문가가 후계자를 일대일로 직접 가르치는 제도)이다. 실패 경험을 배움의 근거로 삼은 옛날 우리 선조들은 무한한 실패와 좌절을 겪어야 도인의 경지에 도달할 수 있다고 믿고 교육하였다. 무술의 고수가 되려고 산 속 도인을 찾아간 제자는 처음부터 무술을 배우는 게 아니다. 잔심부름부터 온갖 궂은일을 해야 하고 그것 밖에 못하냐며 구박만 받으며 기약 없는 나날을 보낸다. 몇 년 동안, 혹은 십년이 넘도록 한 번도 '잘했다'는 칭찬을 받은 적이 없었지만, 어느 날 갑자기 스승님의 "이제 나를 떠날 때가 되었구나! 하산 하거라!"라는 훈훈한 마무리로 끝나는 옛날이야기가 아니더라도 이런 설화는 쉽게 찾아볼 수 있다.

집단 교육의 중심지였던 서당을 생각할 때 제일 먼저 떠오르는 장면은 훈장님이 곰방대로 학생들에게 꿀밤을 주거나 종아리 걷고 매 맞는 아이들의 모습이다. 이는 우리가 익히 보아온 풍속도 속 장면으로 서당에서 훈장님에게서 받는 교육은 잘못한 것에 대한 꾸중으로 이루어진 것으로 표현한 것이다.

실패 경험을 강조한 교육의 가장 대표적인 사례는 한석봉의 어머니일 것이다. 오랫동안 집을 떠나 절에서 글쓰기 공부를 하던 석봉은 자신의 글쓰기에 자만하며 집으로 돌아온다. 오랫동안 집을 떠났다 돌아온 어린 아들을 반기는 대신, 어머니는 호롱불을 끄고 어둠 속에서 자신은 떡을 썰고 아들에게는 글을 쓰게 하였다. 불을 켜고 보니 어머니가 썬 떡은 크기가 고르고 일정한 데, 석봉의 글씨는 크기가 고르지 않고 모양도 삐뚤삐뚤 했다. 이에 석봉은 어머니의 의도를 크게 깨닫고 절로 돌아가 더욱 글쓰기에 매진하여 훗날 명필로 거듭날 수 있게 되었다는 설화는 초등학교 교과서에 실렸을 정도로 잘 알려져 있다.

우리 조상들은 왜 이렇게 칭찬에 인색하고 끊임없는 실패만을 경험하게 하는 교육 방식을 택했는지 다시 한 번 깊이 생각해볼 필요가 있다. 칭찬은 학습자로 하여금 자신의 능력을 과대평가하고 지나친 자신감으로 교만해지게 만든다고 믿었기 때문이다. 또한 자신의 능력과 성취에 대해 정확하게 평가하고 자신의 단점과 부족한 점을 확인하기 위해서는 성공보다는 실패가 훨씬 의미 있는 정보를 많이 제공한다고 믿었기 때문일 것이다. 그리고 무엇보다 끊임없는 실패 결과를 접하게 되면 웬만한 실패에는 굴하지 않는 내성을 발달시켜서 성공할 때까지 계속 노력하게 만들 수 있다고 믿었기 때문일 것이다.

#1 기 살리기 교육

"그까짓 거 얼마나 된다고 어린애를 야단치는 거예요?"

미국 유학에서 돌아와 얼마 지나지 않은 1980년대 말에 내가 직접 경험한 일이다. 그런데 몇 년 후 라디오 방송에서도 똑같은 이야기를 듣고 깜짝 놀랐던 일이기도 하다.

어느 이른 오후, 아파트 단지 내에 있는 제과점에 들어가 둘러보는 중에 한 젊은 엄마가 너 댓살 정도 되어 보이는 남자아이를 데리고 제과점에 들어섰다. 아이는 들어서자마자 이 곳 저 곳을 뛰어다니며 눈에 띄는 빵마다 손가락으로 꾹꾹 찌르면서 "엄마, 이거 사자."고 큰소리로 외쳐 댔다. 아이 엄마는 아이의 말에는 대꾸도 하지 않고 빵을 둘러보고 있었다. 중년의 제과점 주인아주머니는 아이가 계속 돌아다니면서 빵들을 찔러대는 것을 보고 조심스럽게 "그러면 안 된다."고 말했다. 그러나 그 아이는 주인의 말은 들은 척도 하지 않고 계속 소리를 지르면서 엄마에게 이거 사자고 하면서 찔러 댔다. 드디어 케이크에 장식된 꽃 모양까지 손을 대자 참다못한 주인아주머니가 좀 큰 소리로 "그러면 안 되지!"라고 하니까 아이는 누가 꼬집기나 한 것처럼 갑자기 큰 소리로 울기 시작했다. 건너편에 있던 아이 엄마가 달려와 아이와 주인을 번갈아 쳐다보더니 주인에게 "왜 애를 야단치세요?"라고 소리를 높이며 말했다. 그러자 아이는 더 큰 소리로 울어 댔다. 주인아주머니는 "아이가 자꾸 이 빵, 저 빵을 손가락으로 찌르니까 하지 말라고 한 거예요."라고 말했다. 아이 엄마는 "그까짓 거 얼마나 된다고 어린애를 야단치는 거예요? 내가 이 빵 다 사면 될 것 아니에요?"라고 하면서 도리어 주인에게 화를 냈다.

그렇지 않아도 천방지축으로 행동하는 아이와 그 엄마의 무신경함 때문에 속에서 스멀스멀 뭔가가 올라오던 차인데 그 아이 엄마의 말과 행동이 기가 막혀서, 나는 "아이가 그러면 못 하게 해야지 그냥 내버려 두면 어떻게 해요? 아이가 옳지 않은 행동을 하면 알려줘야 하고, 그런 아이를 주인이 나무란 것은 당연한 것이지, 돈으로 다 해보려고 하면 아이가 뭘 배우겠어요?"라고 설교를 시작한 것이다. 아이 엄마는 당신은 또 뭔데 이러느냐는 얼굴로 쳐다보면서 대꾸하려고 하자 주인아주머니가 막아서면서 됐으니까 그냥 가라고 아이와 엄마를 내보냈다. 나는 공연히 흥분해서 떠들어대는 바람에 빵도 못 팔고 망쳐 놓은 빵 값도 못 받게 만든 것이

민망하기도 하고 미안하기도 해서 뭐 저런 여자가 있느냐고 투덜거리니 주인아주머니는 요즘에는 이런 일이 흔치 않게 생겨서 어린아이들이 들어오면 무섭다고 했다. 덕분에 주인아주머니와 그 당시 젊은 부모들의 자녀교육 행태에 대한 이야기를 잠시 나누었던 기억이 있다.

장기간의 미국 생활에서 돌아온 지 얼마 되지 않아 한국의 상황에 대해 정확히 파악하지 못한데다가 사사건건 현실 교육(공, 사를 불문하고)의 불합리함과 부모들의 무분별하고 이기적인 '자식 사랑(?)'과 교육열 등을 비판적으로만 보던 시절이어서 그런 참견을 했던 것이다.

'실패는 독'이라는 사회 통념

1980년대에 들어서면서 한국 교육 현장에는 1960년대 중반부터 미국 교육 현장에 만연되었던 '실패 없는 학교(Schools without failure)[4]'를 지향하는 풍조가 도입되었다. 초등학교에서는 학생들에게 실패 경험이라는 불쾌한 감정과 스트레스를 경험하게 하는 시험을 없애고 중등학교에서는 경쟁심을 부추기는 상대평가가 아닌 절대평가 제도를 도입하였다. 상대평가에서는 자기가 속한 집단에서의 등수가 중요하고 절대평가에서는 자기가 받은 점수가 중요하다. 따라서 다른 사람보다 얼마나 잘하느냐가 중요한 상대평가 제도에서는 대다수에게 실패는 필연적으로 따라오는 경험이다. 반면에 다른 사람보다 얼마나 잘 하느냐가 중요하지 않은 절대 평가 제도에서는 낮은 등수로 인한 실패 경험은 없애자는 것이다.

가정에서도 아이의 '기 살리기' 교육을 위해 조그만 일에도 잘한다고 칭찬하고, 자존감을 높이기 위해, 실패를 경험하게 하는 어려운 일보다는 성공할 수 있는 쉬운 일만 하게 하고, 주눅 들게 만드는 꾸중이나 부정적 반응을 하지 않는 것이 바람직한 양육 태도라고 믿는 부모가 많아졌다.

그러나 이러한 풍조의 근원인 미국에서 내가 경험한 바로는 대부분의 미국 엄마들은 적어도 아이를 그렇게 천방지축으로 풀어놓는 일은 하지 않았고, 만약 아이가 잘못하면 아이의 잘못에 대해 그처럼 안하무인격으로 행동하지는 않았다. 아무튼 그 당시 주인아주머니의 해석은 부모들이 아이의 기를 꺾지 않고, 주눅 들지 않고 당당한 아이를 만들려고 무슨 짓을 해도 내버려두고 잘한다고 칭찬만 하면서 키우기 때문에 자기 아이가 남에게 야단을 맞거나 비판 받는 것을 못 참는다는 것이었다.

만약 내가 또다시 이런 일을 목격하게 되면 어떻게 할까? 아마도 못 본 척하고 그 불편한 자리를 떠날지 모르겠다. 아니면 아직도 저 밑바닥 어딘가에 남아 있는 한국의 교육 세태에 대한 못마땅함과 답답함 때문에 또 똑같은 행동을 할까? 그러나 만약 내가 옛날과 같은 행동을 한다면 아마도 크게 봉변을 당할지도 모를 노릇이다. 다만 한 가지 다행스럽게 생각되는 점은, 그와 같은 막무가내식의 '기 살리기' 교육 풍조가 정착

되는 과정에서 많은 문제점이 부각되면서 이제는 의식 있는 부모들이 자기 아이만 생각하는 이기적인 태도를 적어도 공공장소에서는 삼가는 것을 느낄 수 있다는 것이다.

그러면 왜 이렇게 아이들의 기를 살려주는 교육에 관심을 갖게 되었을까? 가장 큰 이유는 '실패는 독'이라는 통념 때문이다. 이러한 생각은 20세기 중반 미국의 심리학 실험실에서 진행한 학습된 무기력 연구의 결과로, '기 살리기 교육'을 찬성하는 쪽의 이론적 기초가 되고 있다.

#2 반복된 실패는 독이라는 생각

"아무리 노력해도 결과는 달라지지 않을 거야"

1960년대 중반 미국 펜실베이니아대학의 마틴 셀리그만(Martin Seligman)과 스티브 마이어(Steve Maier)의 실험을 필두로 해서 많은 연구자들이 학습된 무기력 현상에 관한 실험을 하고 그 결과들을 발표하기 시작했다.[5]

'학습된 무기력(learned helplessness)'이란 어떤 일을 할 때마다 반복적으로 실패하게 되면 나중에는 "내가 아무리 열심히 노력해도 결과는 달라지지 않을 것이야."라는 부정적인 기대가 만들어지게 되어 결국은 그 행동을 할 생각조차 하지 않는 무기력 상태에 빠지게 된다는 것이다. 즉 무기력을 배우게 되어 아무런 행동이나 시도를 하지 않는 현상을 일컫는 심리학 용어이다.

그 당시 박사과정 대학원생이었던 셀리그만과 동료들은 개가 어떻게 도피 행동(불쾌하거나 고통스러운 상황에서 도망치는 행동)을 학습하는가를 알아보기 위한 실험을 하고 있었다.[6] 실험은 두 단계로 진행되었다. 첫 번째 단계에서는 실험용 개들을 두 집단으로 나누어서 한 집단의 개들은 전깃줄로 발을 묶어 놓고 일정한 간격이나 예고 없이 아무 때나 주어지는 예상할 수 없는 충격을 받게 했다. 개들이 충격을 피하기 위해 아무리 발버둥을 쳐도 충격은 그치지 않아 개가 할 수 있는 것은 아무 것도 없었다. 다른 집단의 개들도 똑같이 전선으로 묶였지만 바로 코앞 벽에 붙어있는 단추를 누르면 전류가 멈춰지도록 했다. 그러니까 첫 번째 집단의 개들은 어쩔 수 없이 충격을 받는, 즉 통제 불가능한 상황을 경험하게 했고, 두 번째 집단의 개들은 단추를 눌러 전류를 멈출 수 있는 통제 가능한 상황을 경험하게 한 것이다.

실험의 두 번째 단계를 위해서 연구자들은 가운데 장애물이 되는 낮은 칸막이로 나뉜 실험 상자를 마련하여 한쪽은 바닥에 전류가 흐르게, 다른 한쪽은 흐르지 않게 설치하고 개를 상자 속에 넣었다. 그리고 한쪽에 전류가 흐르게 하여 개가 전기 충격을 받으면 장애물을 뛰어넘어 다른 쪽으로 가게 만드는 것이었다. 즉, 전기 충격을 피하는 도피 행동을 학습해야 하는 실험이었다.

첫 번째 실험 단계에서 단추를 눌러서 전류를 멈출 수 있었던 두 번째 집단('통제 가능 집단')의 개들은 실험 상자 속에 놓이면 몇 번의 이런저런 시도 끝에 장애물을 뛰어넘어 전류가 흐르지 않는 쪽으로 도피했다. 이에 비해 실험 첫 단계에서 피할 수 없는 전기 충격을 경험한 첫 번째 집단('통제 불가능 집단')의 개들은 다음 단계의 실험에서, 장애물을 뛰어넘어 다른 쪽으로 가면 충격을 피할 수 있음에도 불구하고 거의 아무 것도 하지 않고 전류가 멈출 때까지 고통스럽게 충격을 다 받으면서 기다렸다. 이처럼 첫 단계에서 충격을 피하기 위해 아무 것도 할 수 없는 통제 불가능함을 경험했던 개들은 무력감을 학습하여, 그 이후부터는 충분히 피할 수 있는 상황에서도 아무 것도 하지 않는 무기력증을 얻게 된 것이다.

학습된 무기력 현상

위의 실험 결과는 심리학자들뿐 아니라 일반 대중에게도 큰 충격을 안겨주었다. 이후에도 셀리그만을 비롯한 많은 심리학자들이 동물과 인간을 대상으로 한 실험 연구 결과를 속속 발표하였다.

셀리그만과 동료들이 인간을 대상으로 실시한 대표적인 실험의 예를 보자.[7] 우선 실험의 첫 번째 단계인 '무기력 훈련 단계'에서는 실험 참여자들에게 계속적으로 정답이 없는 문제를 풀게 한 후 '실패했다'고 말해줌으로써 무기력을 학습하게 하였다. 잠시 쉬었다가 그 다음 단계에서는 참여자로 하여금 처음 단계에서 풀었던 것과 같은 종류의 문제를 풀게 하였다. 그러나 이번에는 정답이 있는 문제들이었음에도 불구하고 실험 참여자들은 문제를 열심히 풀려 하지 않고 실제로 문제 풀이 성적도 낮은 것으로 나타났다. 이와 비슷한 몇 편의 연구에서 나온 결과는 실험 참여자들이 자신들이 가지고 있는 능력과는 상관없이 답이 틀렸다는 거짓 실패 결과를 반복적으로 듣는 것만으로도 무기력해진다는 것을 보여준 충격적인 것이었다.

이러한 실험에서 중요한 핵심은 어떤 상황에서 반복적인 실패 경험을 하면 "내가 무슨 일을 해도 결과는 달라지지 않을 것이다."라는 '통제 불가능성'을 인식하게 되는 것이다. 이러한 인식은 이후에 같은 상황에 처했을 때 '나는 할 수 없을 것'이라는 기대를 만들어 내서 아무 것도 하려고 하지 않는 무기력 상태에 빠지게 한다. 이와 같이 반복적인 실패 경험 때문에 무기력을 학습하였다는 의미에서 '학습된 무기력'이라는 이름이 붙게 된 것이다.

학습된 무기력의 유해한 효과는 학자들에 따라 조금씩 차이는 있지만 몇 가지 부정적인 결과로 나타난다.[8, 9, 10]

첫째는 정서적 결손으로, 심한 불안과 우울, 적개심 등으로 나타난다.

둘째는 인지적 결손으로, 일이나 과제 수행 수준이 낮아지고 학습이 효율적으로 이루어지지 못한다.

셋째는 동기유발의 저하로, 행동을 시도하려는 의지를 보이지 않는 것으로 나타나 결국은 행동 결손으로까지 이어지는 것이다.

학습된 무기력증의 피해자 '앤디'

미국 아이오와대학에서 교육심리학을 강의할 때의 일이다. 교육심리학 과목은 교사 자격증을 따기 위해 필수적으로 이수해야 하는 과목으로 다양한 전공과 배경을 가진 학생들이 듣는 수업이었다. 수강생 중에 30년이 지난 지금도 기억에서 사라지지 않는 학생이 있었다. 수강생이 약 40명 정도여서 학기가 시작되고 얼마 후부터 학생들의 이름과 얼굴, 전공과 경력 등을 파악할 수 있었다. 그 중 다른 학생들보다 나이가 많은, 30대 후반쯤 되고 수업 시간에 항상 맨 앞 책상에 앉아 상기된 얼굴로 열심히 강의를 듣는 미술교육 전공의 앤디(가명)라는 남자 수강생이 있었다. 그는 대학에서 미술 전공으로 졸업하고 작은 화실에서 그림을 그리고 아이들도 가르치며 지냈다고 한다. 아이들의 그림 지도를 하는 것이 즐겁고 또 미술 교사가 되면 좀 더 안정된 생활을 할 수 있을 것으로 생각되어 교사 자격증을 따기 위해 교사 양성 프로그램에 들어왔다고 했다.

앤디는 수업 시간에 무엇인가를 질문하려는 듯한 얼굴로 나를 쳐다보는 일이 많았는데 그때마다 질문이 있으면 하라고 기회를 주면 얼굴이 빨

개져서 아무런 질문을 하지 못했다. 나는 그저 내향적인 성격의 수줍음이 많은 사람이라고 생각했다.

그러던 중 첫 번째 중간고사를 치르게 되었다. 수업 시간 중에는 시험을 치르지 않는 것이 관행이었기 때문에 모든 시험은 저녁 시간에 진행되었다. 6시 30분에 시험이 시작되고 감독을 위해 학생들을 둘러보고 있는데 앤디는 역시 맨 앞줄에 앉아 있었다.

그런데 시험이 시작되자 평소보다 더 상기된 얼굴과 불안해서 어쩔 줄 몰라 하는 그의 태도가 이상해서 교실을 돌아다니다가 슬쩍 그의 뒤쪽에서 시험지를 보았다. 대략 한 시간이면 마칠 수 있는 시험이 시작된 지 20분이 지났는데도 그는 여전히 첫 장에 머물러 있었다. 시험지에 무언가를 새까맣게 적어 놓았지만 답은 거의 표시하지 않은 상태였다. 30분 정도가 지나자 문제를 다 푼 학생들이 하나 둘씩 시험지를 제출하고 나가기 시작했다. 그 때부터 앤디의 얼굴은 마치 불이 붙은 것같이 빨갛게 달아올랐다. 연필을 들고 있는 손은 덜덜거리고 연필과 지우개를 교대로 바닥에 떨어뜨리면서 거의 공황 상태에 돌입하는 듯했다.

대학원 박사과정에 있을 때, 스트레스를 받으면 과호흡 발작 증상으로 가끔 나를 놀라게 했던 대학원생 친구를 경험했던 터라 혹시 앤디도 과호흡 발작이 일어나는 것은 아닐까 걱정이 되어 일단 그를 진정시키기로 했다. 무슨 일이냐, 어디가 아프냐고 상투적인 질문을 하였더니, 그는 한

참동안 더듬거리면서 말을 제대로 못하다가 성인 남자의 얼굴과는 너무나도 어울리지 않는 겁먹은 표정으로, 아무리 읽어도 무슨 말인지 알 수가 없어서 문제를 못 풀겠는데 벌써 시간이 이렇게 지나서 너무 불안하다고 했다. 나는 시간 제한이 있는 시험이 아니니까 시간 걱정은 하지 말고 할 수 있는 대로 하라고 했다. 결국 커다란 계단식 소강당에 모든 학생들이 떠나고 앤디와 둘이 남게 되었다.

 8시에 마치기로 했던 시험은 9시가 되어 건물 경비원이 문을 잠가야 한다고 해서 강제로 끝내야 하는 상황에 이르렀다. 앤디는 여섯 쪽짜리 시험 문제지의 반까지도 못 가 있었고 답을 표시한 문제도 거의 없는 상황이었다. 사십이 다 되어가는 성인 남자가 울음을 터뜨릴 것 같은 얼굴로 시험지를 붙잡고 일어나기를 거부하는 황당한 상황에서 내가 할 수 있는 일은 다음 날 아침에 연구실에서 다시 시험을 치게 해주겠다는 약속뿐이었다.

 다음 날 연구실에서 시험을 다시 보고 면담으로 오전 시간을 다 보내면서 알아낸 것은 앤디가 학습된 무기력증 '피해자'로 진단할 수 있다는 사실이었다. 그가 그렇게 된 원인은 초등학교 4학년 담임선생님으로 추정할 수 있었다. 물론 앤디의 말이고 확인할 수 있는 것은 아니지만 그의 기억에 의하면 그 담임선생님을 만나기 전까지는 특별한 문제가 없는 학생이었다. 그런데 그 담임선생님은 무슨 이유에서였는지 그에게 유난히 엄격해서 꾸중을 많이 하셨으며, 그가 하는 일에는 무조건 비판부터 하면서 계속적인 실패 경험을 하게 했다. 4학년 내내 앤디는 아무리 잘하려고 해도 결과적으로 선생님의 눈에는 들지 않는다는 것을 알게 되고, 모든 일에서 자신이 없고 자신이 잘할 수 있는 것이 아무 것도 없다고 믿게 되었다.

5학년이 되어 담임 선생님이 바뀌었어도 앤디의 생각은 별로 달라지지 않았다. 모든 일에 자신감이 없어 공부할 의욕을 느끼지 못한 것은 물론 친구들과의 관계에서도 자신감이 없어 사회적 관계가 원만하지 못한 외톨이 상태로 이제까지 살아왔다는 것이다. 그는 새로운 일을 시작하는 것이 매우 어렵고 자신이 없으며 아무리 열심히 노력해도 결과적으로 자신이 이룰 수 있는 것은 별로 없다는 생각에서 벗어나지 못했다. 결국, 동기저하로 인해 그는 공부할 의욕을 잃었다. 그 결과 자신감과 함께 성적이 떨어지고 학습부진아가 되었다. 그는 이때부터 아무 일에서도 성공을 할 수 없을 것 같은 심리상태로 자신감이 결여되고, 제 기능을 잘 하지 못하고, 사회적으로 고립된 삶을 살아온 것이다.

첫 번째 중간고사 사건 이후 앤디는 모든 시험을 시험 전날 내 연구실에 와서 혼자 치렀다. 두 번째 중간고사의 시험 범위 속에 동기 이론이 포함되어 있었다. 그는 학습된 무기력 이론을 공부하면서 크게 공감했다고 하며 자신의 경험과 상태를 분석한 기말 과제를 제출하기도 했다. 앤디는 교사가 되면 자기처럼 무기력을 학습하는 학생이 생기지 않게 하는 것을 최고의 목표로 삼겠다고 했다. 그 후 나는 앤디에게 대학에서 제공하는 상담 프로그램 등 다양한 도움 프로그램에 참여하도록 권유하였고 그 덕분이랄까 교사 자격증을 받을 수 있는 정도의 성적으로 과목을 이수하고 졸업을 할 수 있었다. 지금까지도 학습된 무기력 이론을 강의할 때면 앤디의 상기된 얼굴과 두려움이 가득한 커다란 눈동자가 떠오른다. 그나마 미술 교사 자격증을 받을 수 있게 되어서 얼마나 다행인지 모르겠다는 생각을 한다.

앤디 이야기는 학습된 무기력의 극단적인 사례이기는 하지만, 자신이 어떻게 할 수 없다고 생각되는 통제 불가능한 상황에서의 실패 경험이 개인의 일상적인 삶에 얼마나 큰 영향을 미칠 수 있는 가를 단적으로 보여주고 있다. 즉, 학습된 무기력의 증상으로 나타나는 정서적 반응인 불안과 두려움 그리고 그로 인한 동기와 인지 기능의 저하가 결국은 행동 결손으로 나타나 무능한 사람으로 살게 만들 수 있음을 보여주는 것이다.

교육 현장에서 이러한 일이 얼마나 자주 발생하는 가에 대해서는 정확히 알기가 어렵지만 이런 일이 나나 우리 아이에게 일어나서 학습된 무기력의 피해자가 될 수 있다고 생각하면 끔찍한 일일 것이다.

#3 실패 없는 학교 만들기의 부작용

"칭찬은 고래도 춤추게 한다?"

　일련의 학습된 무기력 실험 결과 발표를 계기로 서양의 심리학자들은 긍정적인 자기개념[11]과 높은 자존감을 가지고 매사에 자신감을 가지고 적극적으로 행동하는 사람이 되려면 야단을 맞거나, 잘못함을 지적 받고, 좌절감을 느끼게 하는 실패 경험은 금물이고, 가능한 한 성공 경험을 많이 하고 긍정적인 피드백, 즉 잘했다는 칭찬을 많이 받는 것이 중요하다고 주장하였다.

　심리학자들은 학생들의 학습된 무기력의 영향력에 대해 다양한 연구를 수행하였다. 그 결과, 무기력을 학습한 아동들은 공부하려는 동기가 유발되지 않고, 공부를 해도 성과가 제대로 나오지 않으며, 정서적으로도 불안정하여 신경질이 늘고 스트레스를 많이 받고 있음을 알게 되었다.

그리고 학습된 무기력 때문에 나타나는 증상은 우울 증상과 유사하다는 사실도 드러났다.[12]

이러한 사실은 교육에 종사하는 사람에게 큰 시사점을 제공하였다. 학습자에게 나쁜 영향을 미치는 실패 경험을 그냥 지나칠 문제는 아니라고 생각하게 된 것이다. 그 결과 많은 교육심리학자들이 학습된 무기력과 관련된 다양한 적용 아이디어를 연구하고 교육 현장에서 실천하였다.

학교는 물론이고 가정에서도 아이들에게 가능한 한 실패를 경험하게 하는 상황은 만들지 말고, 사소한 성공에도 칭찬과 긍정적 반응만 할 것을 주장하였다. 미국의 교육 현장에서는 '실패 없는 학교', 좌절을 경험하지 않게 하는 환경을 강조하였다. 실패 없는 학교를 주장하는 사람들은 낙제 제도 폐지는 물론이고 학생들에게 실패를 경험하게 하는 시험과 평가를 중지하고 모든 학생들로 하여금 칭찬과 보상만을 경험할 수 있는 교육 환경의 도입을 주장하였다. 성적표도 학생 개인의 등수나 점수 대신 교과 영역별로 '매우 우수함', '만족스러움', '노력 요망', 혹은 '향상 요망' 등의 글로만 기록하였다. 특히 초등학생들에게는 웃는 얼굴이나 찡그린 얼굴 이모티콘(☺, ☹)으로 성적을 제시하기도 하였다. 다시 말해서 학생들에게 '실패'라는 말을 해서 기분 나쁘고 주눅 들게 하지 말자는 것이었다.

'하면 된다'는 자기 효능감 이론

　실패를 피하게 하고 성공 경험을 강조하는 풍토는 가정교육에도 영향을 미쳤다. 언젠가부터 한국 부모들도 아이를 주눅 들지 않게 하고 당당하고 자신감 넘치게 키우는 일이 좋은 부모의 역할이라고 믿게 되었다. 그 결과 엄하게 키워야 제대로 된 사람을 만들 수 있다는 전통적인 가치 대신 실패 없는 과잉보호 환경 속에서 아이들을 키우는 부모가 좋은 부모라는 생각이 그 자리를 차지하였다. 이와 더불어 칭찬의 긍정적 효과만을 강조하는 "칭찬은 고래도 춤추게 한다."는 주제의 많은 서적들이 실패 경험을 기피하는 가정교육 풍토를 더욱 굳히는 결과를 낳았다. 그러나 칭찬이 모든 '고래'를 춤추게 할지는 몰라도 인간은 고래와는 달라서 어떤 칭찬은 긍정적인 결과를 가져오지만 어떤 칭찬은 매우 부정적인 결과를 초래한다는 점을 놓쳐서는 안 된다.

　한국의 가정교육 풍토가 바뀌게 된 이유들로는 방송 통신 기술의 발전과 한국인의 생활수준 향상으로 인한 해외여행의 증가를 들 수 있다. 인터넷, 방송 등을 통해 외국의 실제 교육 정보를 바로 입수할 수 있으며 직접 외국의 교육 현장을 방문할 수도 있다. 실제로 많은 교육 종사자들이 미국의 교육 현장을 답사하였고, 그곳에서 공부하고 돌아온 교육학자들이 실패 없는 학교를 표방하는 교육 제도를 소개하고 도입을 추진하면서 관심 있는 일반 학부모들에게도 알려지게 되었다.

또 다른 한 가지는 '하면 된다'는 긍정적 태도를 강조한 '자기 효능감 이론 (Self-Efficacy Theory)'이다.[13] 1980년대 초반부터 주목을 받은 이 이론은 미국 스탠포드대학 앨버트 반두라(Albert Bandura) 교수가 주장한 것으로 심리학의 모든 영역에서 주목을 받았을 뿐 아니라 일반인에게도 매우 설득력 있는 주장으로 다가갔다.

특히 교육심리학자들은 같은 수준의 지능을 가진 두 학생 중 한 학생은 '나는 할 수 있을 것'이라고 생각하고 다른 학생은 '나는 할 수 없을 것'이라고 생각하면서 과제를 시작하면, 할 수 있다고 생각하고 과제를 시작한 학생의 실제 수행 수준, 즉 성과가 더 높게 나타난다는 사실에 주목하였다. 이 연구 결과는 자신의 능력에 대한 신념, 즉 '나는 잘할 수 있을 것'이라고 믿는 자기효능감의 향상이 매우 중요하다는 생각을 확산시켰다.

반두라 교수에 따르면 자기효능감의 향상을 위해서는 실제로 성공의 짜릿함을 경험하는 것이 가장 효과적이다. 또한 교사나 부모의 '너는 잘할 수 있다'는 격려와 칭찬도 영향을 미칠 수 있다는 주장 때문에 실패 경험은 가급적 피하게 하고 칭찬이나 상과 같은 긍정적 피드백만을 강조하게 된 것이다.

#4 실패는 약이라는 생각

"이 실패를 발판 삼아 다음엔 더 잘해야지"

앞에서 학습된 무기력에 관한 연구들을 소개했고, 그 결과에 기초해서 실패 없는 교육 환경 확립을 주장하는 목소리가 커졌다는 이야기도 했다. 그러나 인간을 대상으로 한 학습된 무기력 실험 연구가 심리학 학술지에 발표되고 있는 시기에 다른 한편에서는 모든 실패 경험이 항상 부정적이고 나쁜 효과만 있는 것이 아니라는 연구 결과들이 발표되고 있었다.

무기력-지향성 vs. 숙달-지향성

캐롤 드웩(Carol Dweck)[14] 교수는 1970년대 말기부터 여러 동료 학자들과 실패 경험 후에 나타나는 반응에 대해 연구했는데 아동들의 반응은 두 가지 유형으로 분류할 수 있었다. 하나는 무기력-지향적(helplessness-oriented)인 것이고 다른 하나는 숙달-지향적(mastery-oriented)인 것이었다.[15] 무기력-지향적이란 공부나 문제 해결에 자신감이 없어서 아예 시작하려고 하지 않는 경향성을 말한다. 드웩 교수는 무기력-지향적인 아동의 대부분은 자신의 지능은 고정돼 있어서 타고난 만큼의 능력만 발휘할 수 있을 뿐, 열심히 노력한다고 지능이 높아지지는 않을 거라는 지능에 대한 실체적 신념(entity view)을 가지고 있다고 했다. 무기력-지향적인 아동들은 실패하면 능력이 부족하기 때문이라고 생각해서, 불안감과 과제에 대한 반감을 갖게 되고 도전을 기피하며 노력하려는 마음이 생기지 않는다. 따라서 과제 수행 수준이 낮아지는 악순환을 반복하게 된다.

반면 숙달-지향적인 아동들은 지능은 타고나는 것이라기보다는 열심히 공부하고 노력하면 높아질 수 있다는 증진적 신념(incremental view)을 가지고 있다. 이런 방식으로 생각하는 아동들은 많은 것을 배우고 숙달된 수준, 즉 완벽한 수준에 도달하고 싶어 한다. 배우는 과정에서 생기는 실패 경험은 감수해야 하는 것이므로 크게 좌절하거나 포기하지 않는 도전적인 특성을 가지고 있다. 또한 실패하면 그 원인을 노력 부족으로 돌리고, 과제에 대한 긍정적인 태도를 유지하며 새로운 해결 전략을 찾으면서 끈기를 가지고 해결하려고 노력한다. 이런 아동들은 쉽게 해결되는 과제보다는 어려운 과제를 선택하는 도전을 추구하고 계속적으로 능력이 향상되는 경험을 한다. 실제로 숙달-지향적인 아동들에서 볼 수 있는 실패 경험의 긍정적인 효과는 여러 연구에서 보고되었다.[16]

드웩 교수는 2006년 저술에서 자신이 연구 초기에 제안했던 지능에 대한 신념에 대해 마인드셋이라는 용어로 수정해서 사용하고 있다.[17] 그녀는 실체적 신념을 고정 마인드셋(fixed mindset)으로, 증진적 신념은 성장 마인드셋(growth mindset)이라는 용어로 대체해서 개인이 지능을 어떻게 생각하느냐에 따라 그들의 삶에 다양한 영향을 미친다고 주장했다. 마인드셋에 대해서는 4장에서 다시 설명할 것이다.

"내가 이 정도밖에 못해?" - 건설적 실패 경험

실패 경험의 효과를 연구한 또 다른 학자로 미국 아이오와대학의 교육심리학자 마가렛 클리포드 교수가 있다. 나의 박사과정 지도 교수이셨던 클리포드 교수는 셀리그만 교수의 연구 논문 이후에 발표된 학습된 무기력 연구 결과들을 종합적으로 검토한 후, 실패를 경험하는 것이 조건이 맞는 경우 후속 상황에서 더 긍정적이고 건설적인 결과를 가져올 수 있다는 '건설적 실패 이론(Constructive Failure Theory)'을 제안하였다.[18]

건설적 실패 경험이란 말 그대로 실패라는 결과를 받았을 때 부정적이고 파괴적인 반응이 아닌 긍정적이고 건설적인 반응을 보이고 후속 상황에서 그 경험을 적극적으로 활용하여 보다 나은 성취를 이루는 경우를 말한다. 사람들은 누구나 어떤 일에서 실패하고 나면 부끄러움이나 좌절, 우울감과 같은 부정적인 감정 상태에 빠져들게 된다. 그러나 그런 감정 상태에 계속 머물러 있기 보다는 실패한 원인을 분석하고 또 다시 실패하지 않으려면 어떻게 해야 할지, 보다 효과적인 방법을 찾고, 적극적으로 미래에 대한 계획을 세우는 바로 이런 특성이 실패를 견디는 힘, 실패내성(failure tolerance)이다. 실패내성이 높은 사람일수록 실패 경험의 건설적 효과는 커진다.

건설적 실패 이론의 기본 전제는 다음과 같다.

첫째, 사람들은 어떤 일에서 실패를 하고 나면, "내가 이 정도밖에 못해?"라는 '심리적 저항' 즉 반발심이 생겨서 다음번에는 성공하기 위해 좀 더 노력하게 된다.

둘째, 사람들은 실패를 하고 나면 왜 실패했는지 원인을 찾는데 그 원인을 어디서 찾느냐에 따라 실패 경험이 부정적, 파괴적일 수도 있고 긍정적, 건설적일 수도 있다.

셋째, 실패를 경험한 상황이나 조건에 따라 파괴적일 수도 있고 건설적일 수도 있다. 예를 들면, 개인에게 얼마나 중요한 일에서의 실패인지, 해야 할 목표가 어떻게 세워졌는지, 혹은 목표가 얼마나 어려운지 등에 따라 실패 경험의 부정적인 영향의 정도가 달라질 것이다.

넷째, 실패 경험은 모든 사람들에게 똑같은 영향을 미치는 것이 아니라 개인이 가진 여러 가지 심리적 성격적 특성, 즉 개인차에 따라 그 효과가 부정적일 수도 있고 긍정적일 수도 있으며 정도에서도 차이가 있다.

그러므로 실패 결과가 예상되는 상황을 바꿀 수 있으면 부정적인 효과를 줄일 수 있을 것이며, 개인의 성격적 특성을 파악하면 훈련이나 교육을 통해서 이러한 특성들을 바람직한 방향으로 변화시키는 것이 가능하다. 이처럼 실패 경험은 얼마든지 건설적인 것으로 전환시킬 수 있기 때문에 교육적 가치가 높은 것이다.

제2장
내재동기의 중요성

외적동기와 내적동기

이미 동기나 동기 이론과 같은 용어를 잠깐 이야기했으나, 이 책의 주제가 인간 동기의 한 측면을 다루는 것이니만큼 이쯤에서 동기 이론에 대한 이론적 설명이 필요할 것 같아 관련 내용 몇 가지를 간단히 소개한다.[19]

심리학에서 동기(motive)란 인간의 '행동을 시작하게 하고, 활력을 주고, 방향을 결정하게 하고, 행동을 유지시키고 조절하는 힘'이라고 정의한다. 그리고 이러한 힘이 작용하는 과정을 동기화 혹은 동기유발(motivation)이라고 한다(주: motivation이라는 용어는 한국어로 번역할 때 맥락에 따라서 '동기', 또는 '동기유발', '동기부여', '동기화'라는 용어를 혼용하므로 맥락에 따라 적절하게 파악해야 함). 동기 이론(motivation theory)은 "무엇이 그 사람으로 하여금 그런 행동을 하게 만들었는가?"라는 질문에 답하기 위한, 즉 행동의 원인을 설명하기 위한 이론이다.

동기는 발생 근원에 따라 크게 외적동기(external motive)와 내적동기(internal motive)로 나뉜다. 행동의 원인이 어디서부터 왔느냐, 즉 행동하게 하고 활력을 불어넣어 주며, 방향을 결정하고, 끈기를 보이게 하는 힘의 근원이 어디에서 나오느냐에 따라 나뉘는 것이다. 특별히 어떤 일을 하는 이유가 개인 내부에 있을 뿐 아니라 그 일을 하는 것 자체가 재미있고 하고 싶어서 하는 경우 내재적으로 동기화 되었다고 하고 이렇게 생긴

동기를 내재동기(intrinsic motivation)라고 한다. 반면에 그 일을 누가 시켜서 하거나, 하지 않으면 불이익이 돌아오기 때문에 하는 경우, 또는 그 일을 함으로써 보상이나 칭찬을 받기 때문인 것 같이 행동을 하는 원인이 외부의 어떤 것을 얻기 위해 혹은 피하기 위한 경우를 외재적 동기화(extrinsic motivation)라고 한다.

앞에서 잠시 언급했던 스키너의 강화 이론은 대표적인 외적동기 이론이다. 강화(reinforcement)란 행동을 하게 만들거나 행동의 횟수나 강도를 증가시키는 외부에서 오는 자극을 말한다. 다시 말해서 행동을 하는 이유가 상이나 칭찬, 혹은 좋은 학점이나 교사의 인정과 같이 기분 좋은 강화(긍정적 강화)를 받기 위해서 하는 경우는 외재적으로 동기화 된 것이다. 또한 벌을 받지 않기 위해서, 선생님의 잔소리를 듣지 않기 위해서 공부하는 경우는 부정적 강화에 대한 반응 행동이다. 이 역시 외부의 원인 때문에 생기는 혐오적이거나 기분 나쁜 결과를 피하기 위해 행동하는 것이므로 외재적으로 동기화 된 경우이다. 그리고 다른 학생들과의 경쟁에서 이기기 위해서, 혹은 마감을 맞추기 위해서 공부하는 것도 외재적으로 동기화 된 경우이다.

내재적 학습동기 연구자들은 학생들이 외적 보상이나 강화 때문에 공부할 경우, 그러한 보상이나 강화가 더 이상 흥미나 의미가 없게 되면 공부할 이유가 함께 없어지게 된다고 믿는다. 그러므로 학생들의 내재동기를 유발할 수 있는 과제 내용의 구성과 제시, 과제의 난이도와 선택 방식 등의 중요성을 강조한다. 장기적으로 볼 때 내재적으로 동기화된 학생들이 외재적으로 동기화된 학생들보다 학업 상황에서 우수한 결과를 낼 뿐 아니라 일상생활에서 만족감도 높은 것으로 나타난다.

어떤 과제를 할 때 내재동기에 의해 하게 되면 그 과제를 하는 과정 자체가 주는 즐거움이나 만족감, 혹은 성취감이 목적이 된다. 내재동기 이론가들은 과제에 대한 호기심, 과제를 수행하면서 느끼는 도전감과 통제감, 유능감과 자율감, 행위 자체에 빠져 들어가는 몰입감 등이 내재적으로 동기화되었을 때 느끼는 긍정적인 경험이라고 한다. 내재동기 이론은 다시 개인 내부의 어떤 측면에 초점을 맞추느냐에 따라 다양한 이론들로 발전했다. 이 중에서 건설적 실패 이론을 이해하는 데 필요한 '자기결정성 이론'(Self-Determination Theory)과 '플로우 상태 모형'(Flow State Model)에 대해 살펴보기로 한다.

#1 자기결정성 이론

"스스로 결정해서 일할 때 수행 결과도 좋아"

현대 동기 이론 중에서 가장 주목을 받고 있는 '자기결정성 이론'은 미국 뉴욕주에 있는 로체스터대학의 저명한 심리학자인 에드워드 디씨(Edward Deci)교수와 리차드 라이언(Richard Ryan)교수가 발전시킨 이론이다.[20] 이 이론의 핵심은 사람들은 무슨 일이든 자기 스스로 결정해서 할 때, 즉 자율적으로 판단하고 결정해서 할 때 가장 즐겁고 만족감을 느끼며 그 수행 결과도 가장 높게 나타난다는 것이다.

자기결정성 정도에 따른 다양한 동기 유형

자기결정성 이론에서는 개인이 느끼는 자기결정성 정도에 따라 다양한 동기유형이 있다고 주장한다. 사람들이 어떤 행동을 하는 이유는 순전히 외적인 이유, 즉 어떤 보상을 받기 위해서 혹은 처벌을 피하기 위해서일 수도 있고, 반면에 그 일이나 과제 자체가 재미있고 만족감을 느끼기 때문에 하는 내재적인 이유까지 다양하다는 것이다.[21] 또한 아무런 자기결정성이 없는 '무동기 상태(amotivation)'도 있다. 학생들이 공부는 왜 하는지 모르겠고, 학교는 왜 가야하는지 모르겠다고 생각하면서 공부나 학교생활에 의욕을 보이지 않는 것이 무동기 상태의 대표적인 예이다.

이 이론이 다른 동기 이론과 다른 점은 동기의 유형을 더 세분화시켰다는 것이다. 행동의 원인이 개인 내부에 있는 내적 동기는 일 자체에 대한 흥미를 위한 경우(내재적 동기)와 일이 특별히 재미있지는 않지만 그 일이 자신에게 중요하고 필요하기 때문에 스스로 결정해서 수용하는 경우(확인된 조절 동기)로 나뉜다. 이렇게 과제에 대한 흥미 때문에 행동하는 내재적 동기부여와 스스로 결정해서 행동하는 확인된 조절 동기에 의한 경우를 합쳐서 '자율적 동기(autonomous motivation)'라고 부르기도 한다.

외적인 동기도 순전히 상이나 칭찬을 받기 위해서 행동하는 경우(외적 조절 동기)와 의무감이나 책임감 때문에 하는 경우(내사된 조절 동기)로 나눈다. 예를 들어, 학생이 공부하는 이유가 선생님이나 부모님께 야단맞지 않기 위해서 또는 칭찬받기 위해서, 학생은 공부를 해야 할 의무가 있기 때문에, 또는 부모님의 기대에 부응하기 위해서 공부하는 경우도 있다. 상이나 칭찬을 받기 위해서 공부하는 외적으로 조절된 동기와 의무감 때문에 생기는 내사된 조절 동기는 외부의 힘에 의해 조종되는 것이기 때문에 둘을 합쳐서 '통제된 동기(controlled motivation)'라고도 부른다.

이처럼 내적, 외적인 이유에 따라 다양한 동기 유형이 있을 수 있지만, 크게 나누어서 외부 힘 때문에 행동하는 통제된 동기와 자신의 의지로 행동하는 자율적 동기로 구분하기도 한다. 이러한 시각은 이전에 동기를 내적동기와 외적동기로 양분해서 다루던 것과는 다른 접근방법으로, 여기서 중요한 핵심은 자율적 동기에 의해 공부나 일을 하는 경우가 통제적 동기에 의한 경우보다 높은 성취수준과 심리적 안녕감과 관련이 있다는 것이다. 이러한 이유로 자기결정성 이론가들은 교육을 담당하는 사람들이 학생들에게 자율적 동기를 증진시킬 수 있는 환경을 만들어 주도록 노력할 것을 강조하는 것이다.

기본 심리 욕구

　자기결정성 이론에서는 모든 인간은 세 가지 기본 심리 욕구(basic psychological needs)를 가지고 태어난다고 본다. 유능성(competency)에 대한 욕구, 자율성(autonomy)에 대한 욕구, 관계성(relatedness)에 대한 욕구가 그것이다.[22]

　첫째, 사람들은 누구나 다 능력 있는 사람이 되고 싶어 하는 유능성에 대한 욕구를 가지고 있어서 이 욕구를 만족시키고자 노력한다. 다시 말해서 사람들은 기회가 주어지면 자신의 능력과 재능이나 기술을 향상시키기를 원하기 때문에 이 욕구가 개인으로 하여금 자신의 능력에 맞는 적절한 도전을 추구하고, 기술과 역량을 유지하고 향상시키기 위해 끊임없이 노력하게 만든다는 것이다.

　둘째, 사람들은 어떤 일을 결정하거나 시작하고자 할 때 스스로 결정하려는 욕구가 있다. 즉, 자율적으로 선택해서 결정하고 행동하고자 하는 욕구가 있어서 다른 사람의 통제를 받거나 외적인 제약에 의해서 행동해야 하는 경우 내재동기가 잘 생기지 않는다. 이러한 자율성에 대한 욕구가 만족되어야 유능성이 제대로 발휘될 수 있기 때문에 세 가지 기본 심리 욕구 가운데 가장 핵심적인 것으로 취급된다.

　셋째, 사람들은 누구나 가까운 주변 사람들과 관계를 맺고 싶고 사랑받고 싶어 하는 관계성에 대한 욕구를 가지고 있다. 즉, 다른 사람에게 관심을 갖고, 다른 사람들과 연결되어 있다고 느끼고, 다른 사람이 자신을 배려한다고 느끼고, 자신이 어떤 집단에 속해 있다고 느끼고 싶은 욕구를 가지고 있다는 것이다. 이러한 관계성에 대한 욕구 불만족은 나머지 다른 욕구 만족에도 부정적인 영향을 미친다.

자기결정성 이론가들은 이와 같은 세 가지 기본적 심리 욕구가 만족되면 사람들의 내재동기는 자연적으로 생겨난다고 주장한다. 이 이론에 따르면 인간은 내재동기에 의해서 행동할 때, 다시 말해서 행동하는 것 자체가 즐겁고 보람을 느끼는 일을 할 때 심리적 만족감이 극대화 되고 행복감을 느끼게 된다. 이것이 삶의 질을 연구하는 긍정심리학자들도 기본 심리 욕구에 대한 만족을 강조하는 이유이다.

자율성 지지적 환경의 효과

최근에 교육 현장에서는 세 가지 기본 심리 욕구 가운데서도 자율성에 대한 욕구의 중요성이 부각되고 있다. 사람들은 누가 시켜서 하기 보다는 자기 스스로 할 일을 선택하고 시작할 때 과제에 대한 몰입도가 높아지고 따라서 수행 수준도 높아진다는 것에 주목한다. 이에 따라 교육심리학자들은 부모나 교사의 아동에 대한 자율성 지지적인 태도와 행동을 강조하는 훈육 방법을 권장하고 있다.

실제로 이화여대 심리학과 연구실에서 진행한 연구 결과를 보면 부모가 자녀에게 자율성을 충분히 주고 스스로 행동하도록 지원하는 행동을 보일 수록 자녀의 자율 동기가 높아져 스스로 공부하는 전략을 잘 세우고 실행해 나가는 자기 조절 학습 효능감이 높아지는 것으로 나타났다.[23] 이렇게 자기 조절 학습 효능감이 높아지면 실제 학습 결과나 성적도 높아지기 때문에 이 같은 연구결과는 중요한 시사점을 제공하는 것이다. 또 다른 연구들에서는 교사와 부모의 통제적인 태도는 긍정적이건 부정적이건 상관없이 아동의 자율적 동기와 부정적인 관계가 있는 것으로 나타났다.[24] 이 결과는 부모나 교사가 아동에게 꾸지람을 하건 좋은 의미의 잔소리를 하건 간에 아동의 자율적 동기는 줄어든다는 것을 의미한다. 따라서 아동을 통제하기보다는 가능한 한 자율적으로 판단하고 행동할 수 있도록 지원하는 태도를 갖는 것이 중요하다는 것을 보여주는 것이다.

얼마나 많은 부모와 선생님들이 조금만 기다려주면 아이가 흥미를 느껴서 스스로 하고자 하는 마음이 생길 수 있는 기회를 놓쳐 버렸을까? 아이를 키우는 부모나 학생을 가르치는 교사의 입장에서 심각하게 고려해야 할 중요한 문제이다.

#2 플로우 상태 모형

"아차, 시간이 벌써 이렇게 흘렀네!"

    기존의 내재동기 이론과는 전혀 새로운 방식으로 내재동기를 연구하는 심리학자가 있는데 미하이 칙센트미하이(Mihaly Csikszentmihalyi) 교수이다. 칙센트미하이 교수는 헝가리에서 미국으로 이주한 후 시카고대학에서 심리학을 공부하고 오랫동안 교수로 재직하다가 지금은 캘리포니아주에 있는 클래어몬트대학교(Claremont University)의 심리학과와 '삶의 질 연구 센터'에서 연구하고 있다. 그는 앞서 소개한 학습된 무기력 이론을 만들고 연구하다가 긍정심리학을 발전시킨 셀리그먼 교수와 공동으로 긍정심리학 연구를 이끌어 가고 있다.

    칙센트미하이 교수가 제시한 내재동기 이론은 '출현동기 이론'(Emergent Motivation Theory)이라고 부른다. 이 이론의 핵심은 '플로우상태

(flow state)'라는 개념으로 일종의 삼매경에 빠져 있는 것 같은 상태를 의미한다.[25] 어떤 행위를 할 때 목표와 보상은 그 상황으로부터 생겨나는 것이며 사람들은 그 보상(즐거움) 때문에 반복적으로 이런 활동을 하게 되고, 그 행위에 완전히 몰입해서 계속 '흘러가게 되는 것'이 플로우 상태이다. 이런 이유로 국내에서는 '몰입상태 모형'이라고 부르기도 한다.

칙센트미하이 교수는 돈과 권력, 명성, 쾌락 추구가 지배하는 세상에서 바위 타는 일로 목숨을 걸고, 예술에 인생을 바치며, 체스 게임에 에너지를 소모하는 사람들을 인터뷰했다. 분명한 이유도 없이 특정 목표를 위해 다른 많은 것들을 희생하는 사람들이 그런 활동을 할 때 얻는 즐거움이 무엇인가와 그 활동의 구조를 분석한 결과, 그 즐거움의 핵심이 '플로우 경험'이라는 것을 발견하였다.

암벽등반을 취미로 하는 사람들은 특별한 보상이 없는데도 불구하고 때로는 목숨을 내걸고 위험한 바위산을 올라간다. 동네 운동장에 모여서 농구를 하는 학생들은 한여름 무더위 속에서도 땀을 뻘뻘 흘리면서 시간가는 줄 모르고 뛴다. 아마추어 발명가들은 한 가지 아이디어가 떠오르면 그 아이디어를 구현한 발명품이 나올 때까지 밥 먹는 것, 잠자는 것도 잊고 매달린다. 미술이나 조각 작품을 만드는 사람들도 마찬가지이다. 이런 사람들의 특징은 일단 행위가 끝난 다음에는 그 결과물에 별로 관심이 없다는 것이다. 예를 들어, 발명가는 결과물이 나올 때까지 몰입하다가 결과물이 만들어지고 나면 옆으로 치워 놓고 다시 새로운 발명품을 시작한다는 것이 이런 사람들의 가족이나 주변 사람들과의 인터뷰에서 들을 수 있는 흔한 이야기이다. 다시 말해서 플로우 상태는 그 자체가 목적이고 보상이기 때문에 그 결과에 대한 외적인 보상은 별로 의미가 없는 일이다.

칙센트미하이 교수는 플로우는 개인이 흥미를 느끼는 과제 수행에 몰입하여 '최적 경험(optimal experience)'을 하는 심리적 상태라고 했다. 최적 경험은 행동의 근원이 개인 내부에서 오는 것이기 때문에 '자기목적적 경험(autotelic experience)'이라고도 한다. 즉, 스스로 목적을 만들고 그 목적에 맞는 노력을 하고자 하는 것이다. 따라서 플로우 활동과 내재적으로 동기화된 활동은 동의어라고 볼 수 있다.[26]

플로우 상태의 특징

우리는 플로우를 일상생활에서 흔히 경험한다. 예를 들어, 인터넷에서 관심 있는 주제에 관한 정보를 찾기 위해 여기저기 사이트를 검색하다 보면 어느새 한두 시간이 훌쩍 지난 것을 깨닫고 깜짝 놀라는 경우가 있다. 또 재미있는 소설책을 읽거나 인터넷 게임을 하다가 자신도 모르는 사이에 밤을 새우는 것은 흔한 일이다. 이것이 지나치면 해야 할 일도 잊

어버리고 거기에만 빠져들어서 정상적인 생활을 못하고 제 기능을 하지 못하게 되는 중독과 같은 현상도 생긴다.

이렇게 우리는 다양한 상황에서 플로우를 경험하면서 살고 있는데 그러면 플로우가 무엇이고 우리에게 어떤 경험을 제공하기에 그런 행위에 깊이 빠져들게 되는 것일까? 칙센트미하이 교수는 그의 대표적인 저서 "지루함과 불안을 넘어서(Beyond Boredom and Anxiety)"에서 플로우 상태의 특징을 다음과 같이 설명했다. 우선, 플로우를 경험하기 위해서는 개인이 가진 기술 혹은 능력 수준과 그 일의 어려운 정도인 도전 수준 간의 균형이 이루어져야 가능하다고 한다. 어떤 일을 할 때 그 과제의 수준에 맞는 기술이나 능력을 갖고 있어서 그것을 사용하면 성공하게 되고 성공하면 좀 더 어려운 기술을 사용할 수 있는 목표를 다시 세우면서 그 과제에 계속적으로 머물러 있게 된다. 만약 과제의 난이도가 자신의 능력이나 기술 수준에 비해 너무 높으면 '불안(anxiety)'을 경험하게 되고, 너무 낮으면 '지루함(boredom)'을 경험하게 되지만 과제 난이도와 능력 수준이 균형을 이루면 계속 흘러가는 '플로우'를 경험하면서 기술과 능력 수준도 점점 발전하게 된다.

플로우 상태에서는 행위와 행위에 대한 자신의 지각이 일치하여 행위가 자발적으로, 거의 자동적으로 물 흐르듯 진행되는 경험을 한다. 이 상태에 있는 사람은 현재 수행하고 있는 과제에만 전적으로 집중하고 자의식을 상실하는 상태로 가게 된다. 즉, 자기를 상실하고 행위를 하는 동안은 자신의 존재를 인식하지 못할 만큼 행위와 자신이 하나가 되는 '무아지경'을 경험한다. 플로우 상태에 있을 때는 명예, 성공, 위험과 같은 자신의 사적인 상태에 대한 의식이 없어진다. 청소년들이 게임 중독에 빠져들어가는 것도 플로우 경험의 효과라고 할 수 있다.

플로우 상태에서는 자신과 환경에 대한 고도의 통제감을 갖는다. 플로우는 외부 압력이나 강제가 아니라 자발적으로 발생하기 때문에 그 상황을 통제하고 있다는 느낌을 갖게 된다. 또한 내재적인 원인에 의한 상태이기 때문에 외적으로 부과되는 목표나 보상은 필요 없고 행위 자체가 목표가 되고 즐거움과 만족감을 느끼게 되는 자기목적적 경험이다. 그리고 바로 이 자기목적적 경험이 몰입 경험을 지속시키는 원동력이다.

플로우에 빠져 있는 동안에는 시간이 변형된 것 같은 느낌을 경험한다. 나는 강의를 하면서 자주 플로우 상태에 들어간다. 특히 내가 좋아하는 주제를 강의할 때면 항상 시간이 모자란다. 시간이 별로 지나지 않은 것 같은데 갑자기 다음 강의실로 이동하기 위해 주섬주섬 짐을 싸는 학생들이 눈에 들어와 시계를 보면, "아차! 시간이 벌써 이렇게 흘렀네!" 또 혼자 플로우 상태에 빠져있었음을 자각하곤 한다.

교육적 시사점

플로우 모형은 우리에게 많은 시사점을 제공한다. 만약 학생들이 공부할 때 플로우 상태에 빠져들어 갈 수 있으면 가장 이상적인 상황이 될 것이다. 공부하는 과정 속에서 자신의 지식과 능력의 향상이 이루어지고 즐거움과 만족감을 느끼는 상태야 말로 가장 바람직한 학습상황일 것이다.

칙센트미하이 교수가 말했듯이 자신이 가진 기술을 사용해서 적정 수준의 도전적인 과제를 수행하면 플로우 상태에 들어가게 된다. 이렇게 내재적으로 동기화된 플로우 상태에서는, 과제 수행을 하는 도중에 발생하는 실패는 단지 과정의 일부일 뿐이다. 그러므로 플로우 상태에서 과제를 하는 동안의 반복적인 실패는 과제를 포기하고 중단하게 하는 부정적 감정을 경험하지 않고 실패를 극복할 수 있게 한다. 이런 과제를 계속하면서 플로우 상태에 머물러 있게 되면 점차적으로 실패내성이 증가할 수 있음을 예측할 수 있다.

동기 이론가들이 교육이나 작업 현장에서 내재동기를 중요시 하는 경향은 이미 수십 년 전부터 있었다. 그러나 성적이나 금전적 보상이 사람들의 공부나 일을 하고자 하는 동기를 유발시키는데 직접적이고 분명한 효과를 보이기 때문에 현장에서는 내재동기의 중요성이 크게 주목을 받지 못해 왔다. 그러나 칭찬이나 보상과 같은 외적 강화가 단기적인 효과는 있지만, 일시적이어서 일단 보상에 대한 관심이 없어지면 공부나 일을 하고자 하는 동기도 같이 사라지기 때문에 장기적으로는 바람직하지 못하다고 내재동기 이론가들은 끊임없이 주장하고 있는 것이다.

제3장

칭찬과 상의 역효과

#1 외적 강화

"사탕, 스티커, 칭찬…
항상 보상을 해줘야 해?"

학습된 무기력 이론이 발표될 즈음은 버러스 스키너(Burrhus F. Skinner) 교수의 행동주의 강화 이론(reinforcement theory)[27]이 교육 현장에 강력한 영향력을 행사하고 있었던 시기로서 칭찬이나 상과 같은 긍정적 강화(외적 보상)를 통해 학생들의 학습 행동을 통제하는 것이 널리 퍼져 있었던 시절이었다. 작은 성공에도 즉각적인 칭찬이나 보상을 제공하는 것이 조장되는 풍토였다. (물론 이러한 풍토는 현재까지도 많은 교육 현장에서 관찰되고 있다.)

교사는 학생의 작은 성취나 선행에 대해 긍정적 강화, 즉 상을 주거나 칭찬하는 것을 중시하여 사회적 보상(학습장에 그려주는 별 표시, 칭찬이나 머리를 쓰다듬거나 안아주는 등의 행동 표현)뿐만 아니라 물질적 보상(연필, 지우개 등의 학용품이나 사탕, 초콜릿 등 간식 제공)도 많이 사용하였다. 한국 교실에서는 별로 흔치 않지만 행동주의 이론이 팽배해 있었던 당시 미국의 교실 뒤쪽에 붙어있는 선생님의 학습 자료실에서는 막대사탕, 개별 포장의 초콜릿이나 쿠키 등을 쉽게 발견할 수 있었다. 그러나 사탕이나 초콜릿 같은 단 것이 건강에 해롭다는 의견이 제기되면서 먹을 것 보상 대신 스티커나 학용품 보상이 늘어났다. 특히 저학년 학급 교사들은 학습장이나 숙제에 그려주는 웃는 얼굴이나 별 표시만으로는 뭔가 부족하다고 느끼고 있었는데, 때마침 동그랗고 노란 스마일리 스티커와 반짝이는 별 스티커가 등장하자 교사와 학생 모두 새로운 강화물에 만족하고 열광했다.

1980년대에 들어서면서 스티커 수준은 날로 발전했다. 단순히 예쁜 그림이나 도형에 머물지 않고 입체 스티커, 향기 스티커, 자동차와 동물, 꽃과 인형 등 다양한 주제와 크기의 스티커가 나오면서 아이들은 스티커를 수집하게 되었고 수집한 스티커를 정리할 수 있는 앨범까지 나오는 등 새로운 시장이 형성될 정도였다.

이제 교사들은 외적 강화를 통해 학생들의 동기를 유발하게 하고 행동을 통제하기 위해 아이들에게 인기 있고 매력적인 스티커나 최신 스티커를 찾아 쇼핑해야 하는 상황에까지 이르게 되었다. 이전에 숙제장이나 학습장 말미에 붙여주었던 스마일이나 별 스티커는 이제 시시해져서 더 이상 보상으로서의 가치가 사라졌고 아이들도 더 이상 열심히 숙제를 하거나 공부할 의미를 찾지 못하는 상태가 되어 버린 것이다. 외적 강화가 아이들의 공부하고자 하는 내재동기를 저해하는 결과를 초래한 것이다.

스키너 교수의 강화 이론에서는 강화의 유형을 1차적 강화와 2차적 혹은 사회적 강화로 분류한다. 1차적 강화는 물질적인 것으로 먹을 것이나 상품 등이 대표적이다. 사회적 강화는 칭찬이나 인정을 해주는 말 혹은 머리를 쓰다듬거나 안아주는 것과 같은 스킨십을 포함한다. 또는 좋은 성적이나 학점도 사회적 강화의 한 가지이다.

이 같은 강화는 그것이 매력적인 경우 행동을 즉각적으로 시작하게 하는 효과가 있기 때문에 자발적으로 시작하는 것을 기대하기 어려운 상황에서 유인책으로 광범위하게 사용되어 왔다. 그러나 앞에서 이야기한 것과 같이 이미 스스로 하고자 하는 내재동기가 있는데 외적인 유인물을 사용해서 행동하게 만들면 내재동기가 없어진다는 주장이 대두되어 많은 논란을 일으켰다.

#2 칭찬이 만능은 아니다

"무분별한 칭찬은 자만심만 키워"

심리학자들은 칭찬의 긍정적 효과에 대해 끊임없이 이야기해 왔으며, 교육현장에서 칭찬은 동기유발을 위한 자극으로, 혹은 바람직한 행동에 대한 보상으로 널리 사용되어 왔다. 그런데 이러한 칭찬이 항상 긍정적인 효과만 있는 것은 아니며, 심지어 칭찬이 언어적 폭력이고 개인의 자존감에 악영향을 줄 수도 있다는 주장이 나왔다.

칭찬을 받은 사람은 칭찬을 곧 자신에 대한 평가로 받아들여 현재 상태에 만족하기 십상이다. 이 정도면 충분하다는 생각에서 더 이상 발전하려는 생각을 하지 않는다. 또한 무분별한 칭찬은 자신의 능력에 대한 자의식을 증가시켜 자만심을 키우며 노력하지 않게 하고 실패가 예상되는 어려운 문제에 부닥치면 피하려는 경향을 증가시킨다.

그뿐만 아니라 자신이 칭찬 받을 만하지 않다고 생각하는데 칭찬 받으면 비아냥으로 듣거나 그 의도를 의심하게 된다. 그러므로 다음번 칭찬은 진정성이 없는 위선적인 것으로 받아들이게 되고 결국은 인간관계에서의 불신을 초래할 수도 있기 때문에 칭찬은 신중하게 사용해야 한다.

사람들은 칭찬에 익숙해지면 칭찬을 받기 위해서만 행동하게 된다. 따라서 어떤 일을 할 때 그 일 자체에 대한 흥미나 만족감에 의해서가 아니라 외적 강화에 의해 동기가 유발되는 바람직하지 못한 상황을 초래하는 것이다. 무엇보다 칭찬을 받기 위해 행동하면 결과에 대한 정당한 비판이나 부정적 평가를 받아들이지 못하고 쉽게 좌절한다.

내 주변에 10살짜리 꼬마아이 하나가 있었다. 이 아이는 자손이 귀한 집안에서 태어난 데다 귀엽게 잘 생겨서 지나가는 사람들도 쳐다보며 잘 생겼다고 한 마디씩 할 정도였다. 게다가 손이 귀한 집안이라 양가 할머니와 할아버지는 물론이고 일가친척들도 애지중지 보살피며 관심을 기울였다. 집안의 재력도 받쳐주어 부모는 이 아이가 어릴 때부터 여러 가지를 가르쳐서 많은 사람들로부터 똑똑한 아이라는 칭찬이 자자했다. 그런데 이 아이는 무슨 일을 해도 칭찬만 듣고 자라서 그런지 칭찬이 없으면 아무 것도 하지 않으려고 했다. 그리고 자신이 한 일에 대해 혹시라도 비판적인 반응을 보이면 그냥 울어 버렸다. 이런 상황에 처음 접하는 사람은 갑자기 울어 버리는 아이에게 어떻게 할지 몰라 당황하게 되고 이후에는 무조건 잘한다고 칭찬함으로써 곤란한 상황을 피하려고 했다. 이처럼 부정적인 결과, 즉 실패는 받아들이지 못하고 항상 긍정적인 결과만을 경험하면서 자라나는 이 아이는 어떤 성인이 될까?

인간의 성장·발달은 새로운 것을 습득하고 배우는 것의 연속이다. 인간은 끊임없이 할 수 없는 것을 할 수 있게 되고 모르는 것을 알게 되는 과정을 통해 성장하고 발달하는데 이때 실수와 실패는 필수적으로 겪어야 하는 것이다. 태어나면서부터 모든 것을 할 수 있는 인간은 없다. 수없이 많은 실패와 반복을 통해 성장, 발달해가는 것이다. 갓난아기가 뒤집기를 하기 위해 얼마나 많은 실패를 반복하고, 혼자 서서 걸을 수 있기까지 얼마나 많이 넘어지고 깨지는지 생각해 볼 때 실패는 성장과 발달에 내재되어 있는 자연스러운 과정임을 알 수 있다. 그런데 언젠가부터 우리 사회에 실패는 피하고 성공만을 강조하는 풍토가 만연됨으로써 성장과 발달의 자연스러운 진행 과정이 부자연스럽게 느껴지고 있다. 실패를 성장과 발달 과정의 일부로 당연하게 생각하고 실패로부터 배워야 한다는 태도를 회복해야 한다.

#3 내재동기 저해하는 외적 보상

"상 받기 위해서와 즐거워서 하는 공부 결과는 천지 차이"

내재동기 학자들은 외재동기에 의해 공부나 일을 하는 것은 장기적으로는 바람직하지 않다고 주장한다. 많은 실험 연구들에서 어떤 일을 하고자 하는 내재동기가 외적 보상이 주어지면 저하되는 현상을 보고했다. 대표적인 실험 연구를 소개하려고 한다.

스탠포드대학의 마크 레퍼(Mark R. Lepper) 교수와 동료들은[28] 유아원을 방문해 사인펜(magic marker라고 부름)으로 그림 그리기를 좋아하는 아동들을 대상으로 그림을 그리게 하고 이들을 관찰하였다. 실험자들은 이 아동들을 세 집단으로 나눠 첫 번째 집단의 아동들에게는 그림을 그려 달라고 부탁하면서 그림을 그린 것에 대한 상을 주기로 약속했다. 두 번째 집단에게는 아무런 보상도 미리 약속하지 않고 그림을 그려 달라고 부탁한 후 그림을 그린 후에 깜짝 선물을 주었다. 세 번째 집단에게는 보상에 대한 약속을 하지 않고 그림을 그려 달라고 부탁한 후 상을 주지 않고 그림만 받았다. 세 집단의 아동들의 그림을 평가한 결과, 보상을 약속한 첫 번째 집단의 아동들의 그림은 다른 집단의 아동들의 그림보다 질적인 면에서 떨어지고 단순히 그림 개수만 채우는 것으로 나타났다.

일주일 정도 후에 실험자가 다시 유아원을 방문하여 자유놀이 시간에 아동들이 알아채지 못하는 일방경(one-way mirror)이 설치된 방에서 관찰한 결과, 보상을 미리 예상하고 받았던 첫 번째 집단의 아동들이 다른 두 집단의 아동들보다 사인펜을 가지고 노는 빈도가 낮아진 것을 관찰했다. 다시 말해서 실험을 하기 전에 사인펜으로 그림 그리기를 좋아했던 아동들이 어떤 실험 조건을 경험했는가에 따라서 실험 후에 사인펜에 대한 흥미 정도가 달라진 것이다.

상을 미리 약속 받고 그림을 그렸던 아동들의 흥미가 떨어진 것을 어떻게 해석할 것인가? 아동들이 처음에 그림을 그린 이유는 사인펜으로 그림 그리는 것이 재미있어서였다. 그러나 실험 중에 그림을 그린 이유는 상을 받기 위한 것이었다. 그림을 그린 것에 대해 '재미있어서'라는 이유와 '상을 받기 위해서'라는 두 가지 이유 중에서 보다 분명한 이유인 상을 받기 위해서가 그림을 그린 이유라고 생각하게 된다는 것이다. 재미있어서라는 내적인 이유는 묻히고 상을 받기 위해서라는 보다 분명한 이유 때문에 그림을 그렸다고 생각하게 된다. 따라서 상이 없는 상황에서는 더 이상 사인펜으로 그림 그릴 이유가 없게 된다. 레퍼 교수와 동료들은 이 결과를 보상이 과제에 대한 내적 흥미 즉 내재동기를 감소시킨 것이라고 해석했다.

또 다른 연구 예로 로체스터대학의 사회심리학자 에드워드 디씨(Edward L. Deci) 교수는 보상이 내재동기에 중요한 영향을 미친다고 주장하고 이를 확인하는 몇 가지 실험을 하였다. 대학생을 대상으로 실시한 실험은 다음과 같다.

디씨 교수는 대학생들이 즐겨하는 소마퍼즐(Soma Puzzle)이라는 블록 만들기 게임을 사용했다.[29] 실험 첫날은 모든 실험 참여 학생들에게 한 시간 동안 13분짜리 과제 4개를 풀게 했다. 둘째 날에는 참여 학생들을 두 집단으로 나누어서 한 집단에게는 퍼즐을 한 개 푸는데 1달러씩 상을 주기로 약속하고 실험이 끝난 후에 지급했다. 다른 한 집단에게는 그냥 퍼즐 풀이만 하게 했다. 매 실험 회기 도중에 실험자가 잠깐 볼일이 있다고 실험실을 나가면서 계속 퍼즐을 풀던지 실험실에 있는 잡지를 보던지 자유롭게 하라고 말해 주었다. 자유 시간 동안 일방경이 설치된 옆방에서 참여자들의 행동을 관찰했고 자유 시간 동안 퍼즐을 푼 시간을 기록한 것으로 내재동기를 평가하였다. 퍼즐 풀이를 꼭 하지 않아도 되는 자유 시간에 퍼즐을 푸는 것은 퍼즐 풀이 자체가 재미있어서 하는 내재적으로 동기화된 행동이라고 볼 수 있기 때문에 이것을 내재동기 수준을 평가하는 지표로 삼은 것이다.

실험 결과, 보상을 받은 집단에서는 자유 시간 동안 퍼즐을 푼 시간이 첫 날 보다 줄어든 반면 보상을 받지 않은 집단에서는 첫 날보다 늘어났다. 퍼즐 풀이를 좋아하던 학생들은 돈이라는 외적 보상을 받고 풀이를 함으로써 퍼즐 풀이 자체에 대한 흥미가 감소된 반면에 아무런 보상이 없이 퍼즐 풀이를 한 학생들은 풀이 자체에 대한 흥미가 점점 더 커진 결과를 보여준 것이다. 이것은 외적 보상이 내재동기를 감소시킨다는 예측을 확인해준 실험이었다.

이러한 연구 결과는 외적 보상의 긍정적 역할을 강조하는 행동주의 강화 이론에 정면으로 도전하는 것이었다. 왜냐하면 강화 이론가들은 내적 흥미가 있을 때 외적 보상이 주어지면 그 행동을 하고자 하는 동기가 더욱 증가된다고 믿기 때문이다.[30]

레퍼, 디씨 교수 외에도 그린(David Greene)과 니즈벳(Richard Nisbett), 라이언 등 많은 내재동기 이론가들이 외적 보상이 내재동기를 저해함을 확인하는 실험을 실시하였다. 그들의 실험 연구 결과는 강화 이론이 교육 현장을 지배하던 시기에 보고되면서 두 진영 간 대립은 매우 집요하고 장기적으로 진행되었다. 내재동기 연구자들은 이미 발표된 100여 편의 내재동기와 외적 보상 간의 관계를 연구한 논문들을 종합적으로 분석해 결론을 내리는 메타 분석이라는 연구 방법을 통해 개인의 행동을 통제하기 위한 목적에서 주는 물질적 보상은 내재동기를 저해한다고 주장하였다.[31]

#4 공부를 놀이로 만드는 환경

"비 들자 마당 쓸란다"

디씨 교수는 또 다른 연구에서 앞서 소개한 것과 같은 실험을 수행했는데 이번에는 금전적 보상이 아닌 언어적 보상, 칭찬을 사용했다.[32] 연구 결과는 과제 수행에 대한 칭찬은 금전적 보상과 달리 내재동기를 감소시키지 않음을 보여주었다.

이 연구에서 제시한 또 한 가지 중요한 사실은 보상을 언제 해주느냐에 따라 그 효과가 다르게 나타난다는 것이다. 디씨 교수는 과제를 수행하기 전에 보상하면 수행자가 자신의 행동을 통제하는 것으로 생각하기 때문에 부정적인 효과가 있으나, 수행한 후에 하는 것은 자신의 행동에 대한 좋은 평가로 생각하여 긍정적인 효과가 있다고 주장했다. 다시 말해서 행동하기 전에 주는 보상은 뇌물의 기능을 하고 행동한 후에 주는 보상은 보너스의 기능을 한다. 뇌물은 다른 사람의 행동을 조종하기 위함이고 보너스는 다른 사람의 행동에 대한 긍정적 평가를 해주는 것이므로 같은 보상이라도 언제 하느냐에 따라 내재동기에 미치는 영향은 정 반대로 나타남을 보여주고 있는 것이다.[33]

내재동기 이론가들은 이구동성으로 외적 보상이나 제약을 통해 학생들의 학습 활동을 통제하는 것은 매우 유해하다고 강조한다. 재미있어서 하던 '놀이'도 해야 하는 '일'이 되면 더 이상 재미가 없게 되고, 반면에 해야 하는 '일'도 어떻게 생각하느냐에 따라 재미있는 '놀이'가 될 수도 있다. 우리 교육현장에서 '놀이를 공부로 만드는' 환경과 '공부를 놀이로 만드는' 환경에 대한 심각한 고민이 필요한 것이다.

내재동기가 칭찬이나 보상과 같은 외적 요인에 의해 저해되는 현상은 우리 일상생활에서도 쉽게 접하는 일이다. 우리 속담에 "비 들자 마당 쓸란다."는 말이 있다. 마당이 지저분해서 쓸어야겠다고 생각하고 빗자루를 들었더니 옆에 있던 사람이 "그래, 잘 생각했다. 마당이 지저분한데 빨리 쓸어라"고 하면 빗자루를 집어던지고 나가버린다는 말이다. 이것은 두 가지로 해석할 수 있는데 하나는 마당을 쓸어야겠다는 내적 흥미가 누군가의 칭찬 때문에 감소가 된 것일 수 있다. 또 다른 해석은 자율적으로, 스스로 선택해서 비를 들었는데 마당을 쓸라는 외적 통제 때문에 내재동기가 없어진 것을 의미하는 것이기도 하다.

이제, 칭찬과 보상이 항상 긍정적인 기능을 하는 것이 아니라는 것이 분명해졌으리라 믿는다. 너무 많은, 너무 잦은, 그리고 분에 넘치는 칭찬이나 보상은 자만심을 갖게 하거나 외적 강화에 의존하게 만들며, 때로는 신뢰관계를 저해할 수도 있다. 실패가 독이 될 수도 있고 약이 될 수도 있는 것처럼, 칭찬도 마찬가지이기 때문에 칭찬을 적절하게 사용하는 것은 매우 중요한 일인 것이다. 그러면, 어떻게 칭찬을 해야 잘하는 것일까? 이에 대한 답은 이 책의 마지막 부분에서 다루게 될 것이다.

제4장

실패 경험이 건설적이 되려면?

"모든 실패 경험이 다 건설적인가?"

모든 실패 경험이 다 건설적으로 기능하는 것은 아니다. 클리포드 교수는 모든 실패 경험이 다 건설적인 것은 아니라면서 실패 경험이 건설적으로 될 수 있는 상황과 조건을 다음과 같이 제안했다. 즉, 목표나 과제의 특성이 어떠한가, 실패의 원인을 무엇이라고 생각하는가, 그 과제를 누가 결정했는가, 그리고 개인이 어떤 생각과 성향을 가지고 있느냐에 따라 실패의 부정적 효과도 달리 나타나고 건설적인 효과를 초래할 가능성도 달라진다는 것이다.[34]

클리포드 교수가 건설적 실패 이론을 제안하게 된 데에는 1960~70년대 미국 교육 현장에 만연해 있던 교육 풍토와 관련이 있다. 클리포드 교수는 당시 상황을 "성공만이 또 다른 성공을 부른다"는 격언에 비유해 묘사했다. 이 격언은 한 가지를 성공하면 다음번에도 성공할 가능성이 높고, 현재의 성공은 미래의 성공을 낳는다는 의미를 내포하고 있다. 당시 교육 현장에서는 학습된 무기력 연구결과들로 인해 시험에 대한 부정적인 태도가 확산되었으며, 실패라는 결과를 축소시키기 위한 성적 부풀림이 만연하고 있었다. 또 학점이나 점수를 주는 대신 평가 결과를 '아주 잘했음'이나 '노력 요망' 등과 같은 서술형으로 적어 주거나 별이나 스마일리와 같은 이모티콘으로 대체하였다. 게다가 '실패 없는 학교'와 같은 책들이 출간되면서 학업에서의 실수나 실패는 최소화하고 성공 경험은 극대화해야 한다는 주장이 더욱 확산되고 있었다.

미국의 이와 같은 실패 기피 풍토는 10여 년이 지난 80년대 이후부터 한국 교육 현장에도 도입되어 절대평가 제도, 초등학교의 시험 폐지, 점수와 등수가 없는 성적표 등 실패 결과를 학생들에게 직접 제시하지 않는 분위기로 전환되었다. 그러나 상대평가와 시험을 없애고 가능한 한 칭찬을 많이 하고 실패 경험을 하지 않게 하는 것은 학생들로 하여금 자신이 무엇을 얼마나 잘하고, 무엇이 부족한지를 평가하기 어렵게 만들었으며 실패 경험의 부족으로 실패에 대한 내성을 기를 기회를 박탈한 결과를 초래하였다.

이 시기에 초등학교 교사로 재직한 경험이 있는 클리포드 교수는 교육 현장에서는 무분별한 성공 경험보다는 실패 경험이 더 중요하고 필요하다고 생각한 것이다. 클리포드 교수는 "실패는 고소당하고 재판을 받았으며, 그 결과 학습을 방해하고 자존감에 치명적인 상처를 주는 것이라는 유죄 선고를 받았다."고 주장했다. 학업 현장에서 실패 경험을 없애도록 만든 이러한 유죄 선고는 불완전하고 부적절한 증거에 기초한 것이라면서, "사실상 우리는 엉뚱한 피의자를 재판하고 죄를 씌운 것일지 모른다."고 주장했다.[35]

클리포드 교수는 이와 같은 잘못된 판결에 항소해서 유죄판결을 번복하고 교실에서의 실패의 역할을 회복하기 위한 변호인의 역할을 떠맡았다. 그녀는 학습된 무기력 이론, 귀인 이론(歸因理論, Attribution Theory), 내재동기 이론 등 다양한 학업 동기 이론들에 기초한 실증적 연구 결과들과 이 연구들이 제안하는 교육 현장에 대한 시사점들을 종합하여 실패 경험이 항상 부정적인 것만은 아니며 긍정적이고 생산적일 수 있다는 '건설적 실패 이론(Theory of Constructive Failure)'을 제안하였다. 그리고 건설적 실패 이론에서 핵심은 개인의 성격적 특성인 실패를 견디는 힘, 즉 실패내성(Failure Tolerance)이라고 주장했다.

하나의 이론이 진정한 의미의 이론이 되기 위해서는 그 이론에서 도출된 가설 혹은 예측이 맞는지를 실증적 자료를 가지고 보여주어야 한다. 이와 같은 실증적 연구의 첫 번째 시도가 나의 박사 논문을 위한 연구였다.[36] 이 연구에서 나는 실패내성에 영향을 미치는 개인이 경험하는 실패의 조건들이 무엇인가를 보여주려고 시도하였다. 구체적으로 보면, 실패 경험이 건설적이 되기 위한 조건들 중에서 목표의 유형과 출처가 개인의 실패내성과 건설적 실패 기능에 미치는 효과를 대학생집단을 대상으로 탐색하였다. 연구결과는 건설적 실패 이론이 주장하는 바대로 중간 수준의 목표와 어려운 목표 조건에서 실패한 경우에 학생들이 보고한 실패내성이 높았다. 반면에 학생들이 목표 수준을 설정할 때 지도교수와 의논해서 결정한 참여설정인 경우와 혼자 스스로 설정한 경우에 실패내성이 높은 것으로 나타났다.

    이와 같은 실험 결과와 이후 다양한 영역에서 수행된 경험적 연구들에 기초해서 실패 경험을 건설적으로 기능하게 하는 실패내성에 관해 탐색하는 것이 이번 장의 핵심 주제이다.

#1 실패내성

"실패 후 곧 심기일전,
미래 계획 세우는 사람이 실패내성 높아"

건설적인 실패 효과는 각 개인이 가지고 있는 실패에 대한 내성이 어떠한가에 따라 달라진다. 실패내성은 실패 후에 감정적으로 그리고 행동적으로 어떠한 반응을 보이느냐와 관련된 것으로, 실패 후에 오는 부정적 감정을 견디고 극복하고 긍정적인 행동으로 반응하는 성향이다. 일반적으로 사람들은 어떤 일에 실패하면 우선 부끄럽고 우울하며 슬프고, 숨거나 도망치고 싶은 생각과 같은 부정적인 감정이 생기고 이로 인해 심한 스트레스를 받게 된다. 어떤 사람들은 이러한 부정적인 감정 상태에서 쉽게 헤어 나오지 못하고 계속 자책하면서 의욕을 상실하게 되고 심하면 우울증과 같은 심리적 부적응 상태에 빠지기도 한다. 학습된 무기력을 겪는 사람들에게서 볼 수 있는 감정적 결손 현상과 같은 것이다. 실패 후 부정적인 감정 상태에서 쉽게 빠져나오지 못하고 그 때문에 미래 계획을 세우고 실행하는 데 지장을 받는 사람은 실패내성이 낮은 사람이다.

반면에 어떤 사람들은 실패 후 부정적인 감정이 생겨도 곧바로 심기일전하여 실패한 원인을 분석하고 앞으로 어떻게 할 것인지 구체적이고 현실적으로 실패를 극복하기 위한 계획을 세우는 등 적극적이고 미래지향적인 반응을 보인다. 실패내성이 높은 것이다.

실패내성을 평가하는 데 고려해야 할 또 다른 요소는 '과제 난이도 선호', 즉 어떤 일을 선택할 때 선호하는 난이도 수준이다. 실패를 두려워하는 사람은 자신을 실패로부터 보호하려는 데에 초점을 맞추기 때문에 과제를 선택할 때 자신의 능력에 비추어서 도전적이거나 어려운 과제보다는 쉬운 과제를 선택하게 된다. 쉬운 과제는 성공이 보장되지만 어려운 과제는 실패할 가능성이 높고 실패하면 자신의 무능함이 드러나게 된다. 자신의 무능함이 드러나는 것을 받아들이지 못하는 사람들은 실패를 두려워하기 때문에 어려운 과제를 피하여 아예 실패를 경험할 기회 자체를 만들지 않는다. 따라서 실패에 대한 내성을 키울 기회가 없으니 실패라는 결과를 받으면 부정적 감정에서 벗어나지 못하고 미래지향적인 행동을 하기 어려워 결국은 무기력증이나 우울증을 얻게 될 가능성이 높다.

그런데 이와 같은 실패내성은 장기간에 걸친 환경과 경험 속에서 형성되는 것으로 학교생활이나 사회생활에서의 적응과 밀접한 관계가 있다.

특히 어린 학생들의 실패내성은 조그만 실패에도 스트레스를 받고 좌절하는 아이로 만들 것이냐 아니면 실패 경험을 건설적으로 활용할 수 있는 강인한 아이로 만들 것인가를 결정하는 중요한 요인이다.

학습된 무기력을 연구했던 초기에 무기력에 빠지지 않도록 예방하는 방안들에 대한 연구가 있었다. 예방적 처치로 도입된 대표적인 방법이 실패를 미리 경험하게 하는 것이었다.[37] 이 연구에서는 학생들에게 성공과 실패 확률이 50%인 과제를 하게 한 집단과 100% 성공률을 가진 쉬운 과제를 하게 한 집단이 나중에 무기력 훈련에서 수행의 차이가 있는지를 비교했다. 연구 결과는 성공과 실패 확률이 반반이었던 과제를 해본 집단의 학생들이 무기력 훈련 후에 수행의 저하가 덜 나타났다. 즉, 무기력에 덜 빠진 것이다.

셀리그만 교수는 스스로 먹이를 구하고 생존해야 하는 주인 없는 길거리 개들이 연구실에서 보호받고 자란 실험실 개들보다 통제 불가능한 전기쇼크를 사용한 학습된 무기력 훈련에서 훨씬 더 잘 견디는 것을 보고하기도 했다.[38] 이 개들은 주인 없이 떠돌아다니면서 이미 많은 실패를 경험하고 살아왔기 때문에 통제 불가능한 혐오적인 자극에 대한 내성이 발달한 것이다. 물론 이 연구는 동물을 대상으로 한 것이지만, 사람에게도 적용해볼 수 있다. 어릴 때부터 불우한 환경 속에서 힘들게 자라난 사람들 중에 실패에 대한 내성이 높은 사람들을 많이 볼 수 있다. 반복적으로 실패 경험을 하면서 일종의 면역이 생겨서 웬만한 실패에는 좌절하지 않고 계속적인 시도를 할 수 있는 성향이 발달하게 되는 것이다.

실패내성의 측정

그러면 실패내성이라는 개인차를 어떻게 파악할 수 있을 것인가? 내가 박사 학위 논문을 쓰기 위해 특정 상황에 맞춰 사용했던 척도를 한국 학생들에게 이용해 보았다. 한국 학생들의 전반적인 학업 상황에서의 실패 경험 후 보이는 반응을 측정할 수 있도록 '학업적 실패내성 척도'를 개발한 것이다.[39] 이 학업적 실패내성 척도는 지난 30여 년 간 많은 국내 연구에서 사용되어 왔다.

학업적 실패내성 척도는 '감정', '행동', '과제 난이도 선호'의 세 가지 하위 요인을 측정하기 위해 각각 6개씩 총 18개의 문항으로 구성된 설문지 형태의 척도이다. 각 문항에 대해 '전혀 아니다'부터 '매우 그렇다'까지 6가지 반응 단계에 자신의 생각을 표시하면 각 하위 요인별 평균 척도 점수를 계산할 수 있고, 또한 전체 척도 점수도 계산할 수 있다. 예를 들어, '행동' 척도의 문항인 "학교 공부를 하다가 틀리면 계속해서 해보고 또 해본다."에 대해 '전혀 아니다'인 1부터 시작하여 6의 '매우 그렇다' 중에서 하나를 선택하는 방식으로 응답한 것을 하위 요인 별로 합산하여 평균을 내면 된다. '과제 난이도 선호' 척도는 "어렵거나 도전적인 문제를 풀려고 애쓰는 것은 재미있는 일이다."와 같이 어려운 과제를 선호하는 성향을 측정하는 문항들로 구성되어 있다. (전체 척도는 부록 참조)

전체 실패내성을 평가할 때는 세 가지 하위 척도 점수들을 합산해야 하는데 이때 감정 척도의 문항들은 역채점되어야 한다. 다시 말해서 "학교 성적이 나빠지면 매우 슬퍼진다."에 대해서는 '전혀 아니다'인 1점은 6점으로, '매우 그렇다'인 6점은 1점으로 점수를 매겨야 한다. 왜냐하면 감정 척도는 부정적인 감정을 얼마나 많이 느끼는가를 나타내는 문항들로 구성되었기 때문에 점수가 높을수록 실패 후 부정적 감정에서 헤어 나오기 어렵다는 뜻, 즉 실패내성이 낮은 것을 의미하기 때문이다.

이 척도는 학업 장면에서 사용하도록 만든 것이기 때문에 상황에 따라 수정해서 사용할 수도 있다. 성취 상황이 무엇이냐에 따라서 공부나 시험 대신 일이나 평가 등으로 수정해서 사용할 수 있다는 의미이다.

회복탄력성과 실패내성

최근에 심리학 분야에서는 개인의 행복 추구에 대한 관심이 높다. 이러한 관심을 가진 사람들이 모여 긍정심리학(Positive Psychology)이라는 접근으로 행복과 관련된 연구를 많이 하고 있다. 역설적이게도, 긍정심리학의 창시자는 학습된 무기력 이론을 연구한 셀리그만 교수라서 나로서는 특히 더 관심이 간다.

긍정심리학을 연구하는 사람들이 중요하게 생각하는 회복탄력성(re-silience)이란 개념이 있다. 주관적 안녕감(subjective wellbeing) 또는 행복에 영향을 미치는 요인으로 중요하게 생각하는 개념인 회복탄력성은 다양한 역경과 시련을 겪으며 열악한 환경에서 성장함에도 불구하고 그 역경과 시련을 도약의 발판으로 삼아 더 높이 튀어오를 수 있는 긍정적인 힘을 의미한다. 회복탄력성에 대한 정의는 매우 다양하나 역경, 트라우마, 비극, 심한 스트레스 등의 상황에서도 잘 순응해 가는 과정을 말한다. 여기에는 어려움에 직면했을 때 이를 극복하고 그 상황에 적응하여 정신적으로 성장하는 능력도 포함돼 있다.[40]

회복탄력성의 구성 요소는 연구자에 따라 다양하게 제시된다. 대개는 개인의 기질과 인지적 능력, 성격, 대인 관계와 같은 개인의 내적인 요인과 부모 자녀 관계, 또래 관계, 학교생활 등의 외적인 환경요인들로 나뉜다. 미국심리학회(APA)의 경우 개인내적 요인들을 중심으로 '긍정적 태도', '낙관적 성향', '정서조절 능력', '실패를 유용한 피드백으로 볼 수 있는 능력'을 포함시키고 있다.

실패내성은 회복탄력성과 유사한 기능을 하는 개념이라 할 수 있다. 미국심리학회에서 정의한 회복탄력성의 개념 중에 '실패를 유용한 피드백으로 볼 수 있는 능력이 포함되어 있는 것처럼 실패 경험을 어떻게 바라보느냐에 따라 역경에서 벗어날 가능성이 달라질 것이다. 또한 '정서 조절 능력'이 회복탄력성에 포함된 것은 실패내성의 감정 요인과 유사한 접근이다. 실패 경험 후에 부정적인 정서에서 헤어 나오지 못하는 것은 정서 조절능력이 부족하기 때문이라고 볼 수 있기 때문이다. 이처럼 실패내성과 회복탄력성 간에 유사한 부분이 있기는 하지만 실패내성은 실패를 견디는 개인의 다양한 특성에 초점을 두는 반면 회복탄력성은 실패를 극복한 이후의 적응력에 초점을 둔다고 볼 수 있다.

#2 실패내성 발달의 핵심요인

"심리, 사회적 조건에 따라 실패내성 발달도 달라"

중간 수준의 과제 난이도

건설적인 실패 경험의 조건 중 하나는 목표나 과제의 난이도이다. 과제가 어렵냐 쉬우냐에 따라 과제 수행 후 오는 실패 결과에 대한 반응이 달라질 것은 분명하다.

우선, 해야 하는 일이 너무 어렵거나 쉬운 것보다는 중간 수준의 적당히 어렵고 도전적인 일에서 실패한 경우 그 경험이 건설적이 될 가능성이 높다. 누구나 다 성공할 수 있는 아주 쉬운 일은 실패할 가능성이 없고, 성공한다 하더라도 자신이 가지고 있는 능력이나 기술을 사용할 기회가 별로 없기 때문에 단순히 성공했다는 결과만 얻을 수 있다. 또한 아주 어려운 일에서는 누구나 다 실패하기 때문에 역시 마찬가지로 자신의 능력에 대한 정보를 얻을 수 없어서 그 과제를 하고자 하는 동기부여에 별 도움이 되지 못한다.

반면에 중간 정도의 어려운 일, 즉 성공과 실패 가능성이 각각 50% 정도인 경우, 사람들은 자신의 능력과 기술을 평가하고 싶은 생각이 들어서 과제에 대한 동기가 증가된다. 또한 사람들은 자신의 능력이나 기술을 잘 활용할 수 있는 일을 할 때 푹 빠져들어서 몰입하기 쉬울 뿐더러, 몰입해서 일을 하는 중에 실패하면 왜 실패했을까를 생각하면서 그 일을 계속해서 하고자 하는 동기가 생긴다. 이러한 동기는 실패 결과를 받고 느끼는 우울함이나 부끄러움, 좌절감과 같은 부정적 감정에 빠져들게 하기 보다는 다음에는 어떻게 하면 성공할 수 있을까 하는 도전 의식을 생기게 해서 더 열심히 노력하게 만든다.

중간 수준의 과제 난이도가 동기화에 긍정적인 영향을 미친다는 사실은 많은 동기 이론가들이 주장해 왔다. 그 중에는 현대 동기 이론 발달의 체계적인 기초를 제공한 성취 동기 이론도 포함돼 있다.[41] 중간 수준의 난이도를 가진 과제에서 성공하면 자신의 능력을 확인하는 것이므로 자신감과 효능감, 자기가치감 등의 긍정적인 자기개념이 향상되어 다음에는 좀 더 어려운 과제를 시도해 보고 싶은 동기가 생긴다. 이런 동기는 후속 상황에서도 중간 수준의 난이도를 가진 과제를 선택하게 하여 선순환 고리를 만들게 된다. 반면에 이런 과제에서 실패하면 '내가 왜 실패했을까' 원인을 분석하고 더 많은 노력을 들이거나 다른 전략을 사용해서 성공하고 싶은 동기가 유발될 가능성이 높다. 만약 후속 과제에서 성공을 한다면 자신의 능력에 대한 확신을 갖게 되어 역시 선순환의 고리로 들어가게 되는 것이다.

앞서 이야기했던 칙센트미하이 교수의 플로우 상태 모형에서도 자신의 능력에 비해 너무 어려운 과제는 불안하게 만들고 너무 쉬운 과제는 지루하게 만들기 때문에 적당히 도전적인 과제를 선택하는 것이 플로우 상태 경험에 중요하다는 것을 보았다.

클리포드 교수의 예측이 맞는지를 실증적인 데이터를 통해 검증하기 위해 대학생을 대상으로 진행한 나의 박사 논문 결과는 중간 수준의 난이도를 가진 목표에서 실패한 사람들이 쉬운 난이도를 가진 목표에서 실패했을 때보다 부정적 감정을 덜 경험하는 것으로 보고하였다. 또한 어려운 난이도를 가진 목표와 중간 수준의 난이도를 가진 목표에서 실패한 사람들이 동일한 결과를 보여줌으로써 상황에 따라서는 어려운 목표를 제시하거나 선택하게 하는 것이 실패 후 건설적인 반응에 효과적임을 확인했다.[42]

자율적 선택과 결정 - 내재동기

실패 경험이 긍정적이고 건설적인 효과를 유발하게 하려면 매우 중요하고 필요한 또 다른 측면이 있다. 바로 내재동기이다. 제2장에서 자기결정성 이론을 설명할 때 유능성, 자율성, 관계성에 대한 욕구라는 세 가지 기본 심리 욕구의 만족은 자연스럽게 내재동기를 유발한다고 했다.

특히 자율성에 대한 욕구 만족이 중요해서, 어떤 일을 시작할 때 스스로 선택하고 결정했느냐(자율적으로 결정했느냐) 아니면 누군가가 하도록 시켜서 하게 되었느냐(타율적으로 결정했느냐)에 따라 실패 경험이 건설적일 수도 있고, 파괴적일 수도 있다. 자기결정성 이론을 만든 디씨 교수와 라이언[43] 교수 같은 대표적인 내재동기 학자들은 사람들은 스스로 선택해서 시작한 일은 흥미를 느끼고 일을 하면서 즐거움을 느낀다고 한다. 따라서 설사 실패해도 바로 좌절하지 않고 끈기를 가지고 계속할 가능성, 즉 높은 실패내성을 보일 것이다. 또한 스스로 결정해서 시작한 일은 결과에 대한 책임감도 높아져 더욱 많은 노력을 할 것이므로 성공 가능성도 높아진다.

부모나 교사가 시킨 공부를 하다가 실패하면 너무 어려운 것이어서, 너무 재미가 없어서, 혹은 나에게 의미없는 공부라서 열심히 하지 않았다는 등의 외적인 것에서 핑계를 찾는다. 보통, 다른 사람이 정해준 목표는 스스로 결정한 목표보다 그것을 달성하고자 하는 동기가 낮기 때문에 열심히 하는 정도도 떨어진다. 자연히 성공 가능성도 낮아지게 마련이다. 실패 후에 오는 감정도 더욱 부정적이며 미래의 성공을 위한 계획을 세우거나 노력하려는 건설적 반응도 낮을 수밖에 없다.

나의 박사 학위 논문에서는 목표의 난이도와 더불어 목표의 출처가 자신이냐 아니면 타인이냐에 따라 실패 후 오는 건설적 반응에 미치는 영향이 달라진다는 예측도 확인하였다. 즉, 목표를 스스로 설정했는지, 다른 사람이 결정해 주었는지, 혹은 다른 사람과 함께 의논해서 설정했는지(참여 설정)에 따라 실패 후에 오는 반응에서 차이가 있는지를 확인하였다. 연구 결과, 스스로 설정한 목표와 다른 사람과 의논해서 같이 설정한 참여 설정 목표의 경우가 타인이 정해준 목표를 수행하다가 실패한 경우보다 긍정적 반응을 보이는 것으로 나타났다.

실패의 원인 찾기 - 인과귀인

다음으로, 실패의 원인을 무엇으로 돌리느냐에 따라 실패 경험이 건설적이 될 수도 파괴적이 될 수도 있다. 이미 여러 차례 이야기했듯이 사람들은 실패라는 결과를 접하면 그 원인을 분석한다. 심리학에서는 어떤 일의 결과에 대한 찾는 과정을 인과귀인(causal attribution, 因果歸

인) 분석이라고 부르는데 캘리포니아주립대학(UCLA)의 버나드 와이너(Bernard Weiner) 교수가 이 분야의 대표학자 중 한 사람이다. 와이너 교수는 특별히 학업 상황에서 학생들이 생각하는 실패나 성공의 원인을 찾는 인과귀인에 대한 연구를 많이 했다.[44] 어떤 성취 결과의 원인을 분석하는 것이 중요한 이유는 원인을 무엇에서 찾느냐에 따라 이후 비슷한 상황을 만났을 때 어떤 행동을 할 것인지가 결정되기 때문이다. 와이너 교수가 조사한 학업 상황의 실패나 성공의 이유에 대해 학생들이 가장 많이 제시한 것은 능력(지능), 노력, 운(재수), 과제 난이도였다.

예를 들어 보자. 수학 시험에서 낙제 점수를 받은 중학생에게 그 이유를 물으면, 다음 중 하나일 것이다. 첫째, "나는 원래 수학을 못해요. 수학적 머리가 없거든요."라고 능력 부족을 탓한다. 둘째, "요즈음 인터넷 게임에 빠져서 공부를 하나도 안 했거든요."라는 노력 부족으로 탓을 돌린다. 셋째, "재수가 없어서 내가 공부한 부분에서는 문제가 하나도 안 나오고 공부 안 한 부분에서만 문제가 나왔어요."라고 운이 나쁜 것을 탓한다. 넷째, "선생님이 시험 문제를 너무 어렵게 내셨어요."라고 과제 난이도를 탓한다. 이 외에도 "아무래도 내가 수학 공부하는 방법이 틀린 모양이에요."라고 잘못된 방법 사용으로 탓을 돌릴 수도 있다.

위의 이유들을 자세히 살펴보면 우선 그 이유가 어디에 있느냐(원인의 소재)에 대해 내 탓과 남의 탓으로 나눌 수 있다. 능력 부족이나 노력 부족, 잘못된 공부 방법은 내 탓이고(내적 소재, 내부 귀인) 운이나 과제 난이도는 남의 탓(외적 소재, 외부 귀인)이다. 다음으로는 낙제 점수를 받은 이유가 항상 일관성 있게 나타나는 변치 않는 것이냐 아니면 때에 따라 변하는 일시적인 것이냐이다. 머리가 나쁜 것은 다음번 시험에서도 쉽게 바뀌지 않는 변치 않는 원인이지만 공부를 열심히 안한 것이나 잘못된 공부 방법은 이번 시험에서는 그랬지만 다음에는 달라질 수 있는 일시적인 원인이다. 마지막으로, 낙제를 받은 이유가 내가 통제할 수 있는 이유냐 아니면 어쩔 수 없는 통제 불가능한 이유냐로 나눌 수 있다. 수학적 지능이 낮은 것이나 재수가 나쁜 것은 내가 어떻게 할 수 있는 것이 아닌 통제 불가능한 것이지만 열심히 공부하지 않았다는 노력 부족이나 잘못된 공부 방법의 사용은 내가 마음만 먹으면 바꿀 수 있는 통제 가능한 이유이다.

 결국 실패를 내 탓이며, 쉽게 변하지 않고, 내가 어떻게 할 수 없는 특성인 수학적 머리가 나쁜 것에서 원인을 찾으면, 다음에 같은 상황에 직면했을 때도 수학적 머리가 나쁜 것이 갑자기 좋아질 리는 없다고 생각할 것이고 따라서 공부하고자 하는 동기가 생기기 어려울 것이고 무기력에 빠질 가능성이 높다. 또한 실패의 원인을 내 탓이고, 일시적이며 내가 통제할 수 있는 원인인 노력 부족으로 돌리는 경우, 다음번에 열심히 노력하면 성공할 것이라고 기대할 수 있기 때문에 학습된 무기력에 덜 빠질 것이다.[45]

 실패 원인을 능력 부족이 아닌 노력 부족이라고 생각할 때 무기력에 빠질 가능성이 낮아지기는 하지만 여기에도 함정은 있다. 학생들이 노력하지 않아서 실패했다고 하면 교사나 부모 혹은 학급 친구들로부터 가혹한 평가를 받는 것으로 나타났다. 학생이 공부를 게을리 했다는 것은 비난 받을 일이기 때문에 노력 부족으로 인한 실패는 죄책감과 연결되기도 한다. 이런 측면에서 어떤 학자들은 학업 상황에서 실패는 양날을 가진 칼이라고 했다.[46] 능력 부족으로 실패했다면 아무리 노력해봤자 소용이 없다고 생각하고, 열심히 노력했는데도 실패하면 자존감에 손상을 받을 수 있다. 따라서 어떤 학생들은 자신의 능력이 부족해서 실패할 것 같은 생각이 들면 자존감이나 자기가치감(self-worth)을 보호하기 위해 일부러 더 노력하지 않으며, 다른 사람들에게 노력하지 않아서 실패했다는 합법적인 핑계로 자신을 합리화하는 구실을 만들기도 한다. 이런 전략을 '자기구실 만들기'(self-handicapping) 전략, 혹은 '자기불구화 전략'이라고 부른다.

자기구실 만들기 전략은 많은 학생들이 시험을 잘 볼 자신이 없거나 시험공부는 하기 싫은데, 성적이 좋지 않아 비난받거나 자존감을 해치고 싶지도 않을 때 사용하는 일종의 자기보호 전략이다. 이를테면, 시험 전날 일부러 잠을 자지 않고 "잠을 못자서 어지러워 시험을 못 봤다"고 하거나, 시험 전날 갑자기 친구와 만날 약속을 해서 "약속 때문에 공부를 못해서 시험을 못 봤다"고 한다거나, 또는 시험 전날 방 청소와 책상 정리를 하고는 "공부할 시간이 부족해서 공부를 못했다"는 등의 구실을 만들어 시험을 잘 못 본 것이 능력 부족이 아니라 불가피한 사정 때문이라며 자존감을 보호하려는 것이다. 이러한 자기구실 만들기 전략은 일시적인 위안은 될 수 있으나 장기적으로는 자존감이나 자기가치감, 자기효능감 등의 저하를 가져오고 동기부여에 심각한 문제를 초래하게 된다.

실패의 원인을 능력 부족으로 돌릴 때는 실패 후에 패배감과 무력감이 높아지는 등 건설적 효과를 기대할 수 없으나 노력 부족이나 잘못된 공부 방법 때문으로 돌릴 때는 건설적 효과를 기대할 수 있다. 그러므로 학생들의 귀인 경향을 알아내서 능력 부족으로 탓을 돌리는 경향을 바꿔줌으로써 실패내성을 증진시키고 건설적인 실패 효과를 높일 수 있을 것이다.

지능에 대한 신념 - 마인드셋

사람들은 일반적으로 다른 사람들이 어떤 일을 하는 것을 보며 자연스럽게 머리가 좋다거니 나쁘다거니 평가한다. 이런 경향은 어린아이들에게서도 볼 수 있다. 유치원에 다니는 아동도 누가 선생님의 질문에 대답을 잘하면 똑똑하다고 말하고, 무엇을 할 때 머뭇거리거나 빨리 행동하지 못하는 아이를 보면 바보 같이 그것도 못하느냐고 한다. 이때 어떤 아동은 "나도 열심히 연습하면 쟤처럼 똑똑해질 거야"라고 생각하는 반면 어떤 아동은 "나는 원래 저런 건 잘 못해. 열심히 해도 쟤처럼 똑똑해질 수 없어."라고 생각한다.

사람들은 이처럼 능력이나 재능에 대해 암묵적인 생각을 가지고 있다. '지능에 대한 신념' 혹은 '지능에 대한 이론'이라고도 하는 암묵적인 생각은 1980년대 불변적(실체적) 신념과 증가적 신념으로 나누어 보던 암묵적 지능 이론을 2006년 캐롤 드웩 교수가 현장에 적용하는 방안을 중심으로 재조명하여 '마인드셋(mindset)'이라는 저서(제1장에서 소개)를 발표하면서 다시 주목을 받게 되었다.

드웩 교수는 어린 아동들도 지능에 대한 암묵적 신념을 가지고 있으며 아동들이 자신의 능력을 어떻게 생각하느냐에 따라 성공 여부를 예측할 수 있다고 주장했다. 그는 지능이나 재능과 같은 능력에 대한 사고방식을 '고정 마인드셋'과 '성장 마인드셋'으로 나눴다. 고정 마인드셋을 가진 사람들은 지능이나 재능과 같은 기본적인 소질들이 타고나는 것으로서 변하지 않는 고정된 특성이라고 믿기 때문에 노력 없이 재능만으로 성공할 수 있다고 믿는다. 이들에게 성공은 머리가 좋은 것을 의미하고 실패는 머리가 나쁜 것을 의미한다. 이런 사람들은 능력을 향상시키기 위해 노력하는 대신 자신이 얼마나 많은 능력을 가지고 있는지 확인하고 나열하는데 더 많은 관심을 쏟고 실패가 예측되는 상황은 기피하게 된다.

이와는 반대로 성장 마인드셋을 가지고 있는 사람들은 대부분의 기본 능력은 열심히 전념을 다해 노력하면 향상시킬 수 있다고 믿는다. 드웩 교수는 이러한 생각이 위대한 업적을 이루는데 필수적인, 공부를 좋아하는 성향과 회복탄력성을 만들어 낸다고 주장하면서, 거의 모든 분야의 대가들이 이런 특성들을 가지고 있다고 한다. 회복탄력성은 실패나 역경에 부딪혔을 때 이런 경험을 발판으로 하여 원래의 좋았던 상태로 되돌아가려는 탄성을 의미하며 '마음의 근력'으로 표현되기도 한다. 그러므로 사람들에게 성장 마인드셋을 갖도록 훈련시키면 모든 영역에서 동기가 높아지고 훌륭한 결과물을 산출해낼 수 있다고 주장한다.

드웩 교수에 의하면 성장 마인드셋을 갖도록 교육 받으며 자란 아이들은 어려운 문제에 부딪힐 때 긍정적으로 생각하지만, 고정 마인드셋을 가진 아이들은 어려운 문제에 부딪히는 것을 큰 불행으로 생각하고 자신의 지능이나 똑똑한 정도가 평가의 대상이 될 것을 걱정한다. 방해물이 있거나 실패가 예상되는 과제를 수행할 때, 다시 말해서 성공과 실패 확률이 반반인 경우, 성장 마인드셋을 가진 아이들은 자신의 능력을 평가해 보고 싶은 마음으로 도전할 생각에 흥분하고 동기 수준이 높아진다. 이런 상태에서는 새롭고 어려운 것을 학습시키면 두뇌의 신경세포들이 강하게 연결되어 성공할 가능성도 높아져서 점점 더 똑똑해진다. 그러나 고정 마인드셋을 가진 아이들은 실패 확률이 50%이기 때문에 성공에 관심을 두기 보다는, 실패할 경우에 자신의 무능함이 드러날 것이 두려워서 이런 과제는 기피하는 경향을 보인다. 다른 말로 하면 지능에 대한 고정 마인드셋을 가진 아이들은 실패 경험을 건설적으로 활용하지 못하는 실패내성이 낮은 아이가 될 것임을 예측할 수 있다.

공부하려는 이유 - 목표 지향성

목표 지향성(goal-orientation)이란 어떤 목표를 가지고 일이나 공부를 시작하는 경향이 있느냐를 의미한다. 누구나 무엇을 목표로 왜 일이나 공부를 하는지 이유를 가지고 있다. 물론 공부를 왜 하는지 모르겠다는 학생들도 있지만 대부분의 학생들은 공부를 시작할 때 어떤 방향이나 초점을 가지고 있다.

목표 지향성 이론(최근에는 성취목표 이론이라고 부르기도 한다) 역시 교육심리학의 핵심이 되는 동기 이론 중 하나이다. 초기에 발표된 목표 지향성 이론에서는 학생들이 공부할 때 추구하는 목표를 크게 학습 목표(learning goal)라고도 부르는 숙달 목표(mastery goal)와 수행(성과) 목표(performance goal)로 나눈다. 이 이론은 1980년대부터 캐롤 드웩과 존 니콜즈(John Nicholls), 캐롤 에임즈(Carol Ames) 같은 교육심리학자들에 의해 이론 발전과 연구가 진행되었다.[47]

숙달 목표 지향성을 가진 학생들은 공부를 시작할 때 지식이나 기술을 쌓는 것에 초점을 맞추는 반면 수행 목표 지향성을 가진 학생들은 다른 사람보다 유능하게 보이는 것이나 경쟁에서 이기는 것에 초점을 맞추는 경향이 높다.

목표 지향성은 지능에 대한 신념과 관련이 있어서, 성장 마인드셋을 가진 아동은 숙달 목표를 세우는 경향이 있고, 고정 마인드셋을 가진 아동은 수행 목표를 세우는 경향이 있다. 아동들이 가지고 있는 지능에 대한 신념이 무엇이냐에 따라 어떤 목표를 세워 공부하는지가 달라진다. 즉 목표 지향성의 유형이 결정된다. 그리고 목표 지향성에 따라 아동들의 동기 유형과 동기 유발 정도가 달라지므로 이러한 개인의 특성을 알면 실패 후의 반응을 예측할 수 있다.

새 학기가 시작되면 대부분의 학생들이 새로운 각오를 다지면서 공부 계획을 세운다. 다음은 학생들이 어떤 목표를 세워 수학 공부를 하려고 하는지, 중학교 1학년생들의 사례를 들어본다.

진현 수학이 중요한 과목이라는 건 나도 알아. 그래서 공부 좀 해볼까 해. 문제 많이 풀어 보면 시험 성적이 좋아질 거 아냐? 그러면 선생님이 나를 인정해 주실 거야. 어떻게든 시험을 잘 봐서 일등을 해야 애들한테 폼도 나고 말이지…

영수 나는 수학이 어려워서 잘 못하겠어. 그런데 시험 점수가 나쁘면 부모님한테 미안하고, 선생님한테도 부끄럽고, 혹시 친구들이 알면 창피해서 제발 낙제만 안했으면 좋겠어.

지민 우리 엄마가 그러시는데 수학 문제를 많이 풀어보면 머리가 좋아져서 다른 공부도 다 잘할 수 있게 된대. 그래서 이제부터 나는 수학 문제를 많이 풀어보려고 해. 그리고 너무 쉬운 문제를 푸는 것은 수학 실력이 느는데 별로 도움이 안 될 것 같아서 틀리더라도 좀 어려운 문제들을 많이 풀어서 수학 짱이 되면 좋겠어.

숙달 목표 지향적인 특성을 가진 아동들은 적절한 방법을 사용해 열심히 노력하면 성공을 얻을 수 있다고 생각하며, 어떤 일을 할 때 결과보다는 자신이 사용한 방법이나 전략을 사용하는 과정에 관심을 둔다. 이런 아동들은 실패 결과에 승복하지 않고 실패 원인을 파악하여 다음번에는 꼭 성공하도록 더욱 열심히 노력하고 다양한 가능한 방법을 찾아 적용해보려고 한다. 결과적으로 숙달 목표 지향성을 가진 아동들은 학교 공부에서도 높은 성취를 이루고 학교생활 적응도 잘 하는 것으로 나타난다. 위의 예에서 지민이는 수학이 중요하다고 생각하고 실제로 수학 공부를 열심히 해서 수학 능력의 향상에 관심을 가진 숙달 목표 지향적인 아동이다.

반면에 수행 목표 지향적인 아동들은, 성공은 다른 아이들보다 더 잘하는 것이라고 믿는다. 이런 성향을 가진 아동들은 다른 사람보다 더 잘함으로써 자신의 능력을 보여주는 것이 중요하다고 생각한다. 따라서 성공하지 못할 경우, 경쟁에서 졌다는 수치심과 같은 자신에 대한 부정적인 감정을 경험하게 되고 자존감이 낮아진다. 수행 목표 지향적인 아동들은 낮아지는 자존감을 보호하기 위해 실패 결과가 예상되는 어려운 과제는 피하고 성공이 보장되는 쉬운 과제만을 선택하는 소극적인 자세로 학업에 임하는 경향을 보인다.

목표 지향성 이론에 대한 연구가 진행됨에 따라, 수행 목표 지향성은 다시 두 가지 유형으로 나뉘어서 연구되었다. 하나는 수행 접근목표 지향성이고 다른 하나는 수행 회피목표 지향성이다.[48] 수행 접근목표 지향성은 성공 결과에만 초점을 맞춰 다른 사람들과의 경쟁에서 이기고 자신의 유능함을 보여주기 위해 목표를 세우는 경향을 말한다. 수행 회피목표 지향성은 실패를 피하는데 초점을 둔다. 곧 자신의 무능함을 드러내지 않으면서 자기가치감을 보호하기 위해 평가 받아야 하는 상황을 피하려고 하는 것이다. 결국 동기가 저하되어 성취도 낮아지는 악순환의 고리 속으로 빠져들게 한다. 이런 학생은 일반적으로 자기효능감이 낮고 학업 성취도도 낮은 것으로 나타난다.

앞의 예에서 진현이는 수학 공부 자체에 관심이 있기 보다는 다른 사람들과의 경쟁에서 이기고 능력 있는 사람이라는 것을 보여주기 위해 공부하는 수행 접근목표 지향적인 학생이라고 할 수 있다. 그리고 영수는 자신의 수학 능력이 부족하다고 생각하며 이런 자신이 부끄럽기 때문에 자기가치감을 유지하기 위해서 무능함이 드러나는 것을 기피하려는 학생, 즉 수행 회피목표 지향적인 학생이다.

목표 지향성 이론에 관한 연구에서 나타나는 결과들을 보면 학생들이 어떤 목표를 가지고 공부를 시작하느냐에 따라 실패 후에 나타나는 반응이 달라질 것이라는 예측을 할 수 있다. 숙달 목표 지향적인 학생들은 성공이냐 실패냐는 결과보다는 무엇을 얼마나 배웠느냐에 관심을 둔다. 때문에 실패 결과를 받으면 다음번에 성공하기 위해 할 수 있는 것이 무엇인가에 초점을 맞춘다. 반면에 수행 목표를 가지고 공부하는 학생들은 실패 결과를 받으면 자신의 무능력이 드러난 것에 먼저 감정적으로 반응한다. 수치심과 죄책감 등 부정적인 감정이 스트레스가 되어 미래지향적인 생각이나 행동을 하는 것이 어려워진다.

자신에 대한 긍정적 평가 - 자존감, 자기효능감

사람들이 스스로를 어떻게 생각하느냐에 따라 그 사람의 행동이 달라지므로 심리학에서는 개인의 자신에 대한 생각을 자기도식(self-schema)

이라는 틀 속에서 연구한다. 자기개념, 자기존중감, 자기효능감, 자기가치감, 자기조절, 자기실현, 자기결정성 등 '자기'라는 단어가 앞에 붙어있는 많은 용어들은, 사람들이 자신에 대해 어떤 도식을 가지고 있느냐가 그들의 감정과 행동에 어떤 영향을 미치는지를 연구한 결과라고 할 수 있다. 그 중 일반 대중에게 가장 널리 알려진 것이 자기존중감(self-esteem, 자존감)일 것이다. 자존감은 자신의 가치에 대한 주관적·정서적 평가로 자신에 대한 태도를 나타낸다. 즉, 자신은 소중한 존재이고 유능한 사람이라고 믿으며 다른 사람들의 사랑을 받을 만한 존재라고 생각하는 자신에 대한 긍정적 평가 결과이다. 자존감이 높을수록 행복감을 많이 느끼고, 모든 성취 상황에서 바람직한 결과를 얻는다는 보고가 많다.

자존감을 연구하는 심리학자들은 자존감은 어떤 수행이나 성취의 원인이 되는 것이 아니라 성공적인 수행이나 성취로 인해 생기는 결과라고 주장한다. 다시 말해서 자존감은 많은 성공과 실패의 결과로 만들어지는 것이기 때문에 향상시켜야 하는 것은 자존감이 아니라 성공적으로 수행할 수 있는 능력이라는 것이다. 높은 자존감은 우울이나 불안과 같은 부정적 감정으로부터 자신을 보호하기 때문에 필요하지만 자존감만 높다고 해서 성취 수준이 높아질 것이라는 기대는 할 수 없다. 오히려 부풀려진 높은 자존감은 위협이나 무시를 당하게 될 때 보복성 공격을 할 가능성을 높인다고 한다.[49] 자존감은 행복과 같은 것이다. 행복해지려 노력한다고 행복해지는 것이 아니라 삶에 만족하고, 성공을 경험하고, 긍정적 인간관계를 형성할 때 생기는 부산물이 행복인 것처럼 자존감도 개인이 적응적이고 생산적으로 기능할 때 생기는 결과물인 것이다.[50]

자존감과 실패내성과의 관련성을 보면 자존감이 높은 사람일수록 실패내성이 높을 것이라는 것을 쉽게 예측할 수 있다. 실제로 한국학생들을 대상으로 한 연구에서 자존감이 높을수록 실패내성이 높은 것을 확인할 수 있다.

앞에서 자기효능감이 어떤 일을 하기 전에 자신이 잘할 수 있을 것이라는 능력에 대한 믿음이고 이러한 믿음이 그 일의 수행 수준을 예측하는데 중요한 요인이라고 설명했다. 그런데 자기효능감 이론을 제안한 반두라 교수는 자기효능감에서의 개인차는 개인의 실제 능력보다는 개인이 지각하는 자신의 능력에 대한 믿음에 의해 결정된다고 주장한다.

예를 들어 보자. 설명을 위해 모든 현실에 적용할 수는 없는 약간 극단적인 예시를 선택했지만, 이러한 예시는 자기효능감을 명확하게 이해하는데 도움이 될 것으로 생각한다. 야구 경기를 하는데, 동일한 능력을 가진 두 명의 타자, A와 B가 있다. 타자 A가 자기 순서가 되어 공을 치기 위해 타자석에 올라선다. A는 투수가 공을 던지려고 투수판 위에 서서 준비 동작을 하는 것을 보면서, 자신도 방망이를 다잡고 준비하면서 잘 칠 수 있을까를 생각한다. 투수가 던진 공이 날아오는 것을 보면서, A는 홈런을 칠 것 같다고 예감하지만 B는 그렇지 못하다. 이러한 A의 예감은 그 공을 잘 칠 수 있을 것이라는 자신의 배팅 기술에 대한 자신감이다. 아직 공을 치지는 않았지만 A가 홈런을 칠 수 있을 것이라는 예상이 효능기대(efficacy expectation)이고 반두라 교수는 이것을 자기효능감이라고 부른다. 타자 A의 효능기대는 높고 타자 B의 효능기대는 낮은 것이다. A가 실제로 날아온 공을 정확히 맞추자 공이 공중으로 날아간다. A는 공중으로 날아가는 공을 보면서 홈런일 것이라 예상하는데 이것을 결과기대(outcome expectation)라고 한다. 즉, 이미 공을 치는 행동을 하고 난 후에 그 결과가 홈런일 것이라고 예상하는 기대가 결과기대이다.

중요한 것은 아직 공을 치기 전에 홈런을 칠 것이라고 예상하는 효능기대가 높은 타자 A가 그렇지 못한 타자 B보다 실제로 홈런을 더 잘 칠 것이라는 것이고, 이것이 자기효능감 이론의 강점이다. 다시 말해서 어떤 행동을 하기 전에 잘할 수 있다고 믿으면 실제로 잘할 수 있게 된다는 것이다.

그렇다면 자기효능감과 실패내성 간에는 어떤 관계가 있을까? 연구결과들로 미루어 볼 때 자기효능감이 높은 사람일수록 실패내성도 높을 것이라고 예측할 수 있다. 내가 미국 생활 후에 이화대학에서 교수를 시작하고 처음으로 수행한 실패내성 연구의 제목은 "학구적 실패에 대한 내성의 관련 변인 연구"였다.[51] 이 연구에서는 중·고등학생들을 대상으로 학업 상황에서의 실패내성, 일반적 자기효능감, 내외 통제소재 간의 관련성을 탐색했다. 내외 통제소재란 자신이 그런 성적을 받은 이유가 자기 내부에 있다(내적 통제소재)고 생각하는지 외부에 있다(외적 통제소재)고 생각하는 지에 관한 인과귀인 신념을 나타내는 것이다.

이 세 가지 특성을 측정하는 설문지 형식의 척도를 사용해서 조사한 자료를 가지고 이들 간의 관련성에 대한 상관분석을 실시했다. 건설적 실패 이론이 예측하는 대로 자신의 능력에 대한 자기효능감이 높은 사람일수록 실패내성이 높은 경향이 있었다. 그리고 어떤 일이 생긴 원인이 외부에서 온 것이 아니라 나에게 있다는 내적 통제소재 경향이 높을수록 자기효능감도 높은 것으로 나타났다. 이 결과는 앞에서 거론했던 인과귀인의 측면에서 해석할 수 있는 것으로 실패의 원인을 내적인 것으로 탓을 돌리는 사람이 실패내성이 높을 것이라는 가설을 확인해 주는 증거이기도 하다.

그렇다면 학생들의 자기효능감을 높여줄 수 있는 방법이 있을까? 반두라 교수는 자기효능감에 영향을 많이 주는 네 가지 종류의 정보 출처를 이야기했다.[52]

첫째는 이전에 성공했던 경험으로부터 가장 강력한 영향을 받는다. 즉 어떤 일을 과거에 여러 번 성공한 경험이 있으면 그 과제를 잘할 수 있다는 효능감이 높아진다.

둘째는 다른 사람이 성공하는 것을 관찰함으로써, 다시 말해서 대리경험을 하는 것으로도 자신의 효능감이 높아질 수 있다. 이때 관찰 대상이 자신과 비슷할수록 영향을 많이 받는다.

셋째, 중요한 타인, 즉 부모나 교사 혹은 존경하거나 좋아하는 사람이 "너는 할 수 있다"고 언어적으로 격려하고 설득하는 것으로도 효능감이 높아질 수 있다.

마지막으로 사람들은 자신의 생리적 반응으로부터도 유능성에 대한 정보를 얻을 수 있다. 무슨 일을 할 때 긴장 때문에 땀을 흘리거나 맥박이 빨라지는 것 같은 생리적 반응이 효능감에 대한 단서를 제공하는 것인데, 지나친 긴장이나 불안은 자신의 수행 결과를 부정적으로 생각하게 할 수도 있다. 따라서 생리적 현상에 적절하게 대처할 수 있도록 훈련함으로써 효능감의 저하를 방지할 수 있다.

이번 절에서는 개인이 가지고 있는 자신에 대한 생각 혹은 신념인 자기도식이 행동에 영향을 미치기 때문에 개인이 가지고 있는 다양한 자기도식 중에서 성취상황에서 많은 관심을 받고 있는 자존감과 자기효능감이 실패내성과 어떤 관계가 있는가에 대해 살펴보았다. 자신에 대한 긍정적인 이미지를 가지고 있고, 자신의 능력에 대한 자신감이 높을수록 실패내성이 높아서 실패 경험 후에도 건설적으로 기능한다는 것을 확인하였다.

#3 한국 학생 대상 학업적 실패내성

"부모의 잔소리 많고 통제적일수록, 자녀의 실패내성 낮아"

지난 20여 년 동안 국내 교육 현장에서는 다양한 상황에서 실패내성에 대한 연구가 진행되고 있었다. 학업 상황에서 학생들의 목표 지향성, 자존감, 자기효능감, 내재동기, 학업 성취도, 회복탄력성 등의 개인차 변인들과의 관련성을 탐색한 것은 물론이고 부모의 양육 태도와 양육 행동과의 관련성, 그리고 학교생활 적응이나 행복과의 관련성까지도 다룬 연구들이 발표되었다.

연구 결과들을 보면, 학생들의 자존감이 높을수록, 회복탄력성이 높을수록 실패내성이 높았다.[53,54] 부모가 통제적인 양육 행동을 보일 때보다 자율성 지지적인 행동을 많이 보일수록, 자녀와의 애착 관계가 잘 이루어질수록 실패내성이 높은 것으로 나타났다.[55] 다시 말해서 부모가 자녀에게 잔소리를 많이 하고 자녀 스스로 판단하고 결정할 기회를 주지 않을수록 실패내성은 낮았으며, 반대로 자녀 스스로 판단하고 결정할 수 있도록 자율성을 지지해주는 행동을 많이 보일수록 자녀의 실패내성은 높은 것으로 나타났다.

공부 잘하는 중학교 학업 우수학생들은 실패 상황에서 느끼는 수치심, 스트레스, 슬픔과 같은 부정적 감정의 정도가 크기는 하지만 실패 상황을 극복하기 위해 실패 원인을 분석하고 다음번에 성공하기 위한 계획을 세우는 등 미래지향적인 행동을 많이 보였다. 또한 어렵고 도전적인 과제를 선호하는 경향이 있음을 보고한 연구도 있다.[56] 중학생들을 대상으로 한 또 다른 연구에서는 학업적 실패내성이 높을수록 학습된 무기력에 덜 빠지고,[57] 학업 성취도는 물론이고 학교생활에서 적응을 잘하고 행복감도 높다는 것을 보여주고 있다.[58]

의과 대학생들을 대상으로 한 연구에서는 실패내성이 높은 집단이 낮은 집단보다 숙달 목표 지향성이 높았으며 수행 목표 지향성이 낮은 것으로 나타났다.[59] 다시 말해서 실패내성이 높은 사람들은 목표를 세울 때 다른 사람의 인정을 받거나 경쟁에서 이기는 것이 목표가 아니고 자신의 능력이나 지식을 향상시키는 것을 목표로 삼는 경향이 높다는 것이다.

이러한 연구 결과들은 모두 건설적 실패 이론이 예측하는 바와 일치한다. 실패내성은 학업 상황에서의 적응성을 잘 예측해주는 요인이면서 동시에 바람직한 교육이나 경험의 결과를 보여주는 지표로도 사용할 수 있음을 확인해 주고 있다.

과잉보호 대신 어려움 극복하는 힘 길러주기

지난 30여 년간 한국 학생들의 학업적 실패내성을 연구해온 결과들을 종합하면 우리 학생들은 초등학교 시절부터 고등학교까지 교육 연한이 길어질수록 실패내성이 낮아지는 것으로 나타났다.[60] 초등학교 아동들의 학업적 실패내성이 가장 높고 중학교를 거쳐 고등학교까지 계속적으로 낮아지는 경향을 보였다.

이런 경향이 나타나게 된 주원인을 확실히 알기는 어렵지만 개인의 생활환경에서 추론해볼 수 있다. 한 가지 가능성은, 초등학교 시기에는 경쟁적인 시험이나 평가를 받을 기회가 적어서 아직은 실패상황을 접할 기회가 별로 없었을 것이므로 실패 후에 오는 부정적인 경험도 상대적으로 많지 않았을 것이다. 그러다가 중학교로 진학하면서 시험을 통한 평가에 따라 실패 결과를 접할 기회가 늘어난다. 하지만 초등학교 시절까지 경험해 온 칭찬 위주의 '기 살리기 교육'의 영향이 아직 남아 있어 중학생이 되었어도 실패 경험 후에 오는 부정적 결과에 대처하는 방법을 배울 기회가 없어서, 초등학생에 비해 실패내성이 낮게 나타났다고 추정할 수 있다.

또 다른 가능성은, 중학생들은 발달 단계 상 사춘기에 들어섰거나 들어서고 있기 때문에 심리적으로 매우 불안정하고 민감한 상태에 있다. 초등학교라는 비교적 자유로운 환경에서 중학교로 전환하면서 공부의 내용도 많고 어려워지고, 엄격한 규율과 책임감이 요구되는 중학교 생활에 적응해야 하는 상황에서 잦은 시험과 평가로 인한 스트레스는 유능감이나 자기효능감을 낮춰서 실패내성에 부정적인 영향을 미친 것이라고 추정할 수 있다.

최근에 나타나는 청소년, 특히 중학생 자살률의 증가 추세가 이런 추론을 뒷받침해 주는 것으로 볼 수 있다. 이런 경향은 경쟁이 더욱 심해지는 고등학교에서는 더욱 악화될 수밖에 없을 것이며, 실패 경험의 빈도가 잦아지는 성인의 경우도 예외일 수 없다.

요즈음 한국의 가족 구성을 보면 한두 자녀만 둔 가족이 다수를 차지한다. 자녀를 한두 명만 둔 부모는 그들에게 모든 관심과 에너지를 쏟는다. 여기에 경제력이 전 세계 10위를 넘나드는 현 상황에서 부모들은 내 아이가 원하는 것은 무엇이든지 다 해주고 부족한 것은 돈으로라도 해결해줘서 좌절이 없는 환경에서 키우겠다고 생각한다.

서두에서 이야기한 제과점 상황에서 보았듯이, 아이들이 주눅 든다고 야단 치지 않는 것은 물론이고 가정 밖에서도 다른 사람들에게 야단을 맞거나 비판 받는 상황에 노출되지 않도록 과잉보호하며 키운다. 부모는 아이가 기분 나빠하고 스트레스를 받아 좌절하고 괴로워하는 것을 참지 못한다. 이러한 부모의 마음가짐은 아이들로 하여금 실패라는 좌절을 겪게 하지 않는 행동으로 표출된다. 그래서 아이가 어렵고 힘든 일을 하기 싫다고 불평하고 괴로워하면 격려하고 응원해주면서 어려움을 극복해 나가는 힘을 길러주기보다는 그 일을 대신 해줄 사람을 찾거나, 하지 않아도 되는 일로 치부하고 포기하는 것에 너그럽다. 이렇듯 한국 사회 전반에 만연되어있는 실패를 기피하려는 풍토는 결국 아이들을 나약하게 만들고 나아가 쉽게 좌절하는 성인으로 성장하게 했다. 그러므로 실패내성을 키울 수 있는 교육 풍토 도입이 시급할 뿐 아니라 다양한 방법으로 학생들이 성공 경험만이 아닌 실패를 경험하면서 효과적으로 대처할 수 있는 방법을 배울 기회를 마련해 주어야 한다.

제5장
실패내성이 높은 사람

치열한 경쟁에서 적응하고 이겨낸 두 사람

실패내성이 높은 사람과 낮은 사람은 정말 성격 특성이나 살아온 환경 조건에서 차이가 있을까? 실패내성을 연구하는 학자로서 심각하게 반추해 보아야 할 부분이라는 생각이 들었다. 그래서 이제까지 접근해 오던 양적 연구 접근이 아닌 질적 접근을 시도하기로 했다. 양적 접근은 많은 사람들을 대상으로 설문지나 검사지와 같은 객관적인 측정 도구를 사용해서 자료를 모은 다음, 평균과 표준편차 같은 통계분석 결과에 근거해서 일반적 결론을 내리는 방법이다. 이에 비해 질적 접근은 특정 사례에 대한 관찰이나 심층 면담을 통해서 보다 깊은 내면을 탐색하는 방법이다. 실패내성이라는 심리적 특성을 파악하기 위해서는 질적 분석이 필요하다는 생각이 내내 머릿속을 떠나지 않아 일단 실패내성이 높다고 생각되는 사람을 찾기로 했다.

어떤 사람들이 실패내성이 높을까? 물론 실패 경험이 많으면서도 잘 적응하여 이겨낸 사람들이 실패내성이 높은 것임은 당연하다 하겠다. 실패 경험 후에도 이를 이겨내고 성공적인 삶을 살아가고 있는 사람들의 이야기를 들어보면 실패내성이 높은 사람들의 특성을 좀 더 잘 파악할 수 있을 것이다.

특히 경쟁이 심한 영역에서 두각을 나타내고 있는 사람들 중에는 많은 실패를 반복적으로 경험하면서 실패를 극복하는 방법을 나름대로 터득한 사람들이 있을 것이다. 또는 자라온 환경 속에서 실패내성을 발달시키는데 적절한 성격으로 형성된 경우도 있을 것이다.

  이러한 호기심을 가지고 적절한 인물을 찾던 중 운 좋게도 예술계와 법조계에서 두 사람을 만날 수 있었다. 한 사람은 뮤지컬 배우 마이클 리(Michael K. Lee) 씨이고 또 다른 사람은 사법시험에 합격하여 법조인이 되기 위한 과정을 밟고 있는 C씨이다. 두 사람 모두 기꺼이 인터뷰에 응해 주었으며, 실패내성이 자신들의 현재 삶에 이르기까지 중요한 요인으로 작용했음을 솔직담백하게 이야기해 주었다.[61]

#1 의학도에서 뮤지컬 스타 된 마이클 리

"실패를 환영한다! 성공을 향한 발판이기 때문에"

최근 국내 음악 애호가들의 관심을 많이 받기 시작한 분야로 뮤지컬이 있다. 점점 공연 관람 인구가 늘어나면서 뮤지컬 배우들에 대한 관심도 많아지고, 뮤지컬 배우가 되고자 하는 인구도 급증하고 있다. 특히 세계 뮤지컬 산업을 리드하고 있는 미국 뉴욕의 브로드웨이나 영국 런던의 웨스트엔드에는 뮤지컬 배우를 꿈꾸는 사람들이 전 세계에서 몰려들고 있다고 한다. 그들은 단역이라도 따보기 위해 수없이 많은 오디션에 지원하고 떨어지기를 반복하면서도 희망의 끈을 놓지 않고 있다. 그야말로 수많은 실패 경험을 반복하면서도 포기하지 않고 끊임없이 도전하고 있는 것인데 그 숫자가 상상을 초월할 정도라고 한다.

브로드웨이 공연을 통해 세계적인 뮤지컬 배우로 명성을 얻고 우리나라에서도 스타 반열에 오른 마이클 리(한국명 이강식)도 10여 년 전까지는 그들 중 한 사람이었다. 이민 2세대인 그는 방송과 인터넷 매체 등과의 인터뷰를 통해 브로드웨이에 진출해서 주연 배우로 성공하기까지 겪은 경험들을 이야기했다.

우연히 마이클의 인터뷰를 보고, 이 사람이야말로 실패내성이 높은 전형적인 인물이라는 생각이 들었다. 내 추측이 맞는지, 그의 심리적 특성을 분석하기 위해 인터뷰를 요청하였다. 마침 마이클 자신도 심리학을 전공하였으며 이런 주제에 관심이 많다며 기꺼이 인터뷰에 응해 주었다.

10여 년 전부터 한국과 브로드웨이를 오가며 뮤지컬 배우로 활동하다가 5년 전 가족과 함께 한국으로 이주하여 다양한 활동을 하고 있는 마이클의 살아온 이야기는 다음과 같이 요약할 수 있다.[62]

한국과 미국 오가며 뮤지컬 배우로 활동 중

마이클은 미국 이민 2세대로 뉴욕주에 있는 아주 작은 도시에서 의사인 아버지와 전업주부인 어머니 사이에서 태어나고 자랐다. 1970년대만 해도 동양 사람이라곤 마이클 가족 외에 아무도 없던 그곳에서 초등학교와 중·고등학교를 다녔다. 마이클의 부모님은 아이들이 미국 사회에 성공적으로 적응하도록 '미국 사람'으로 키웠다. 당연히 마이클도 미국화된 사람으로 성장하였다. 실제로 따로 한국어를 배운 적이 없고, 현재의 한국어 실력은 30대 중반부터 한국에서 뮤지컬 배우로 활동하면서 배우기 시작한 것이다.

그의 부모님은 자녀들을 공부벌레로만 키우지는 않았다. 오케스트라며 발레, 오페라, 뮤지컬 같은 공연에 자주 데리고 다녔다. 또한 자녀들이 피아노를 비롯한 여러 악기를 연주할 수 있도록 레슨을 받게 했다. 마이클도 피아노와 바이올린을 배웠다. 고등학교 시절 오케스트라 단원으로 활동한 마이클은 뮤지컬 공연에 참여하면서 뮤지컬 배우가 되고 싶다는 생각을 했으나, 아버지의 기대와 집안 분위기 상 자연스럽게 의사를 목표로 공부했다. 학업 성적도 매우 우수해 최상위권 학생들만 지원할 수 있는 캘리포니아주 스탠포드대학에 들어갔다.

의대에 가기 위한 준비 과정(pre-med)으로 심리학과에 입학한 그는 음악 동아리에서 활동하면서 점점 뮤지컬에 빠져들어갔다. 대학교 2학년 말, 연예계에 종사하는 친구의 권유로 '미스 사이공' 뮤지컬 오디션에 참가했으나 떨어졌고, 같은 회사에서 진행한 뮤지컬 배역을 위해 몇 번 더 오디션을 보았으나 배역을 따내지는 못했다. 2년 후인 4학년 때, 미스 사이공 오디션을 본 회사에서 베트남 군인 '투이' 역을 제안해 왔다. 스물한 살 나이에 브로드웨이에서 뮤지컬 배우의 인생을 시작한 것이다.

데뷔작 '미스 사이공' 계약이 끝난 후 출연이 계속 이어지지는 않았다.

다시 여기저기 오디션을 봤으나 계속 떨어졌다. 2년 동안 실직자 생활을 해야 했다. 경제적으로 어려움을 겪은 이 기간 동안에도 그는 성공적인 뮤지컬 배우가 되기 위한 준비로 성악과 연기 수업을 계속했다고 한다.

성공 횟수는 실패 후 다시 도전한 횟수와 비례

어릴 때부터 신동소리를 들으며 공부는 물론, 음악과 운동 등 다방면에서 특출했고 스탠포드에 들어갈 정도로 성공 경험만을 한 그였는데, 반복되는 오디션 실패 결과를 어떻게 받아들이고 극복했을까? 무엇이 그로 하여금 그 많은 실패를 견딜 수 있게 했을까? 그가 살아오는 동안 그와 같은 실패에 대한 태도를 형성하는데 특별히 영향을 미친 누군가가 있었을까?

"중학교 때 훌륭한 선생님 한 분을 만난 것이 행운이었어요. 그 선생님의 가르침 덕분에 실패를 극복할 수 있었어요. 그 분이 가르쳐주신 구절은 바로 이겁니다. '나는 실패한 횟수에 의해 평가받는 것이 아니라, 성공한 횟수에 의해 평가받는다. 그리고 성공한 횟수는 실패하고 돌아와서 다시 도전한 횟수에 정비례한다. 실패는 성공하기 위해서 필요한 것을 할 수 있도록 이끌어주기 때문에, 실패를 단순히 실패로만 생각하면 절대 안 된다.' 어린 마음에도 그 말씀이 깊이 와 닿았고 내 인생의 평생 모토로 삼고 있습니다."

그 선생님의 말씀은 '실패는 성공의 어머니'라는 말과 정확히 일치한다. 즉, 실패 없이 성공은 이루기 어렵다는 의미이며, 누구나 자신이 원하는 것을 이루는 과정에서 당연히 많은 실패를 경험할 수밖에 없다는 것을 학생들에게 알려주려는 목적이었을 것이다. 실패를 자주 경험하지 못하면 한 번의 작은 실패도 두려워하게 되고 기피하게 된다. 실패내성이 발달하지 못하는 것이다.

마이클이 의사가 되는 길을 접고 뮤지컬 배우가 되기로 결심한 이유는 자기 내면의 소리에 귀 기울이고 그것을 따르려 했기 때문이다. 고등학생일 때는 그냥 록음악을 듣고 노래 부르는 것이 좋아서 거기에 심취했었으나, 부모님과 가정 내의 분위기로 인해 별다른 생각 없이 의사가 되기 위해 대학에 들어갔다. 정작 대학 공부를 하면서 마이클은 자신의 진로에 대해 심각하게 고민한다. 과연 의사로서 자신의 삶이 행복할 것인가를 생각했다. 의사가 되면 물론 먹고사는 걱정 없이 풍족한 생활이 보장되겠지만, 과연 그러한 삶이 자신에게 진정한 의미의 행복을 가져다줄 것인가를 끊임없이 고민했다. 아버지는 그가 의사가 되기를 원했기 때문에 그가 뮤지컬 배우로 데뷔했을 때는 한참동안 서로 말을 안 하고 지낼 정도로 관계가 악화되었다. 그럼에도 불구하고 계속 오디션에 지원하고 떨어지기를 반복하면서 마이클은 뮤지컬 배우가 되는 것은 선택하는 직업이 아니라 부름 받은 '천직(소명, calling)임을 깨달았다.

"내 인생에서 무엇이 나에게 진정한 행복을 가져다줄 것인가를 끊임없이 스스로에게 물어봅니다. 그리고 스스로 대답합니다. '내게 행복을 주는 것은 많은 돈도 아니고 호화저택이나 비싼 자동차도 아니며 많은 친구들과 나에게 환호하는 관객도 아니다. 그럼 무엇 때문에 이 일을 하는가? 이 일 자체가 즐겁고 내 영혼을 만족시켜주기 때문이다'라고요."

마이클의 이 같은 질문은 바로 내재동기 이론에서 제시하는 질문이다. 내가 왜 이 일을 하는가? 이 질문에 대한 답이 '많은 돈이나 호화저택, 환호하는 관객'과 같은 외적인 요소가 아니라 '그 일 자체가 즐겁고 만족감을 주기 때문'이라는 것은 내재동기에 의해 동기화된 상태를 나타내고 있음을 보여주는 것이다.

마이클 리의 특성 분석

마이클과의 인터뷰를 계속하면서 나는 놀라움을 금할 수 없었다. 그가 이야기하는 내용은 내가 수십 년간 연구해온 동기 이론으로 설명되는 현상이며 교과서에 나오는 예시 그 자체였기 때문이다. 마이클의 생각과 태도, 행동은 바람직한 동기의 대표적 유형인 내재동기에 관한 이론과 건설적 실패 이론의 핵심이 되는 실패내성 이론으로 가장 잘 설명될 수 있다. 한 마디로 그는 건설적 실패 효과 사례의 원형(prototype)이라고 할 수 있다. 그와의 인터뷰 내용을 질문(항목)별로 자세히 분석해 본다.

"실패를 환영해요" - 실패에 대한 긍정적 태도

인터뷰의 첫 질문은 '실패'라는 말을 들을 때 제일 먼저 떠오르는 생각은 무엇인가였다.

"현재 시점에서 저는 실패를 환영한다고까지 말할 수 있어요. 실패는 저에게 사실상 긍정적인 의미예요. 저는 실패를 긍정적인 것으로 만들어요. 왜냐하면 실패한다는 것은 노력했음을 보여주는 것이고, 노력은 성공이나 실패라는 결과보다 더 중요하기 때문이에요. 그리고 실패는 성공을 향한 하나의 발판으로 생각할 수 있지요. 실패했을 때 한 일은 다시는 하지 말아야 한다는 것을 알게 돼서 다음에는 제대로 할 수 있는 방법을 배우고 생각하게 되니까요. 그리고 실패는 인생에서 성공보다 더 강력한 도구가 될 수 있다고 생각합니다. 왜냐하면 성공은 그 자리에 안주하게 만들기 때문에 더 이상 그 분야에서 성장하는 것을 어렵게 한다고 할까요?"

마이클의 대답은 건설적 실패 이론에 대한 가장 정확한 설명이며 가장 적절한 예시이다. 그리고 바로 건설적 실패 경험의 중요성을 강조하는 말이다. 그런데 마이클은 어떻게 실패 경험을 건설적으로 전환시키는 높은 실패내성을 가지게 되었을까? 마이클의 대답 중 더 주목해야 할 것은 실패 결과에 대한 불편함이나 불만족보다는 그 단계까지 갈 수 있었던 것

자체를 성공이라고 생각하는 매우 긍정적인 사고방식이다. "계속된 오디션에서 실패라는 결과를 받았을 때 어떤 느낌이었는가"에 대해 마이클은 이렇게 답했다.

"물론 실망스러웠지만, 한 편으로는 최종 단계까지 올라간 것만으로도 기뻤어요. 그래서 감독과 프로듀서들에게 최종 단계까지 갈 수 있는 기회를 준 것에 감사한다고 말했어요."

"실패 후에 우울하거나, 슬프거나, 망연자실하거나 하지 않았느냐"는 질문에는 "물론 슬펐지만 망연자실하지는 않았다"고 했다.

마이클이 첫 번째 오디션에 떨어진 것이 대학교 2학년 때였고 그 후로도 여러 번의 오디션에서 계속 떨어졌다. 그 동안 그는 낙담하지 않고 학교 공부도 하면서 뮤지컬 배우가 되기 위한 레슨을 받으면서 준비를 해온 것이다. 그러다가 '미스 사이공'에 캐스팅되어 4학년 때부터 브로드웨이에서 뮤지컬 배우로 활동했다. 첫 번째 오디션에 떨어지고 나서 첫 무대에 서기까지 2년여 동안 무슨 생각을 하면서 지냈는지 물었다.

"당시에는 제가 배우가 될지 어떨지 몰랐기 때문에 상황을 이해하려고 노력하면서 연기, 연극, 성악 레슨을 다니기 시작했어요. 만약 배우가 될 것이라면 기술이 있어야 하잖아요. 그래서 시작했어요. 그런데 학교 공부까지 하느라고 굉장히 바빴어요. 정말요!"

그는 계속되는 실패에도 불구하고 포기하지 않고 불확실한 미래를 위해 준비하며 2년이라는 시간을 보냈다. 그러던 중 '미스 사이공'에 출연하게 되었다. 그러나 데뷔의 기쁨도 잠시였다. 첫 번째 뮤지컬 '미스 사이공' 공연 계약이 끝나고 다시 실직 상태가 되었다. 수많은 오디션에서 떨어진 것이다. 이미 의대 진학은 접고 뮤지컬 배우로 인생을 시작한 상황에서 계속되는 오디션 낙방은 견디기 힘들었을 것이다. 그에게 "이 기간 동안 무슨 생각을 하면서 지냈는지"를 물었다.

"그 기간 동안 스스로에게 말했어요. 만약 내가 보다 더 큰 성공을 향해 나아가기를 원한다면 더 열심히 노력해야 하고, 더 많은 기술을 익히고 배울 필요가 있다고요. 그래서 실직 상태이지만 그 시간을 활용했어요. 지금이니까 이런 말을 하는 것일 수도 있지만, 당시는 나 스스로에게 공부할 필요가 있다고 말했던 시간이었어요."

그는 다른 방송사 인터뷰(JTBC Jobs 프로그램, 2017년 3월 30일 방영)에서도 이 시기에 노래, 연기, 프로듀싱 등 다양한 뮤지컬 공부를 했다고 하였다. 성공적으로 활동하던 사람이 실직 상태에 있으면서 이처럼 긍정적인 태도와 행동을 보이기는 쉽지 않으나 마이클은 이 시기를 유용하게 활용했다고 회고한다. 아마도 높은 실패내성을 가지고 있었기 때문일 것이다.

마이클에게 "실패라는 결과를 받았을 때 다른 사람들에 비해 어느 정도로 참을성이 있다고 생각하느냐"고 묻자 그는 잠시 생각하다가 이렇게 말했다.

"다른 사람과 비교한다면? (웃음) 만약 저를 성공한 사람으로 생각한다면, 성공한 사람들 모두에게 실패는 문제가 되지요. 그런데 내가 얼마나 실패에 대해 참을성을 가지고 있나? … 저는 실패를 참을 수 있었어요 … 아마도 다른 사람이나 저나 똑같이 어려울 것 같아요. 글쎄요 … 실패는 어떤 사람들을 매우 황폐하게 만들 수 있겠지만 저를 그렇게 만들지는 못해요. 실패는 저를 멈추게 하지 못해요. 그런 의미에서 저는 어느 정도 (실패)내성이 있다고 하겠네요. 저는 확실히 다른 사람들보다 앞으로 어떻게 할 것인가가 더 중요하다고 생각하거든요."

이러한 특성을 실패내성 이론에서는 미래지향적인 행동 특성이라 부른다고 말해주자 그는 이렇게 응수했다.

"그렇다면 제 성격은 확실히 더 미래지향적인 쪽이네요. 그런데 이 점이 약간은 문제라고 생각해요. 왜냐하면 이런 성격 때문에 저는 현재를 즐기지 못하니까요, (웃음) 현재의 성공을요."

무기력감을 느낀 적은 없느냐고 묻자, "무기력감이요? 그건 제 인생에서는 진짜 흔한 것이 아니예요." 라고 말하면서 크게 웃었다.

내친김에 마이클의 실패내성 수준이 어느 정도인지 알아보기 위해 실패내성 척도를 실시하였다. 이 척도는 일반적 성취 상황에서 실패내성의 하위 요인인 감정, 행동, 과제 난이도 선호를 측정하기 위해 각각 4개씩의

문항들로 구성한 설문지이다.(제4장과 부록 참조)

이 척도에서 마이클은 감정 요인에서 2.25점, 행동 요인에서 5.75점, 과제 난이도 선호 요인에서 6.00을 받았고 실패내성 전체 평균은 4.67점으로 나왔다. 6점 척도의 중간점이 3.5인 것을 기준으로 보면 마이클의 실패내성은 상당히 높은 것이며, 한 연구에서 보고한[63] 우리나라 성인 직장인 남자의 경우 4.17, 여자의 경우 3.95와 비교할 때도 높은 것으로 나타났다.

마이클은 "내가 한 일에 대해 낮은 평가를 받으면 슬프다"와 "무슨 일을 할 때 실수할까봐 걱정을 많이 한다"는 문항에 '매우 그렇다'고 답하여 감정 척도 점수가 낮아졌다.

행동 척도를 알아보는 문항들에 대해서는 "낮은 평가를 받으면 마음을 다잡고 열심히 하려고 결심하곤 한다"라는 한 문항을 제외하고 모두 '매우 그렇다'고 답하였다.

이는 실패 후에 부정적인 감정에 오래 머물지 않고 미래를 위해 행동하는 성향을 보여주는 것이다. 또한 과제 난이도 선호 수준은 모든 문항에서 '매우 그렇다'고 답하여 6점을 받음으로써 어려운 과제를 선호하는 성향이 매우 높음을 보여주었다. 실제로 한국 성인들을 대상으로 조사했을 때 6점을 받은 경우는 극히 드문 일이다.

마이클의 어려운 과제를 선호하는 특성은 그가 브로드웨이에서 뮤지컬 배우로 활동하게 된 후에도 계속적으로 나타난다. 그는 한국 사람이 전혀 없는 미국의 작은 지방 도시에서 태어나서 미국 사회에 잘 적응하는 것이 중요하다고 믿었던 부모님 밑에서 한국말을 접할 기회가 거의 없었다. 한국말을 하지 못하던 그가 한국에서 뮤지컬 배우로 활동하기로 한 것도 실패를 두려워하지 않는 그의 도전적인 성격을 잘 말해준다. 맨 처음 한국에서 뮤지컬 오디션에 합격해서 역할을 맡았을 때 그는 한국어를 거의 하지 못하는 상황이었다. 그에게 한국어 대사와 가사를 외우는 일은 동료 배우들보다 몇 배의 시간과 노력을 더 들여야 하는 어려운 일이었다. 뛰어난 가창력에 비해 한국어로 연기할 때 따라오는 발음의 부정확성 때문에 부정적 평가도 받았지만 그는 포기하지 않고 지금까지도 노력하고 있다. 그가 만약 미국에서 계속 활동했다면 이와 같은 어려움과 도전은 경험할 필요가 없는 것이다. "실패를 환영한다."는 그의 말로 설명되는 특성이다.

마이클의 실패내성 수준은 객관적으로 측정한 결과와 심층 면접에서 그가 이야기한 내용과 완전히 일치한다. 이처럼 마이클의 높은 실패내성이 실패 경험을 건설적으로 활용하여 적응적이고 발전적으로 나아가게 하는 원동력이 된 것이다.

그러면 마이클은 어떻게 하여 실패 후에도 미래지향적이며 어려운 과제를 두려워하지 않고 선택하는 높은 실패내성을 가지게 되었을까? 그 근원을 이론에 기초해서 찾아보았다.

"오디션 낙방은 노력부족 때문" - 인과귀인

마이클이 처음 오디션에 떨어진 이유가 무엇 때문이라고 생각하는지 질문했다.

'첫째 재능이 부족해서, 둘째 충분히 노력하지 않았거나 준비가 부족해서, 셋째 나에게는 너무 어려운 역할이라서, 넷째 운이 나빠서, 다섯째 준비할 때 효과적인 방법을 사용하지 못해서' 중 그가 답한 내용은 이렇다.

"뒤의 세 가지 이유는 확실히 아니고, 재능이 부족해서와 충분히 노력하지 않아서가 더 맞을 것 같아요. 그렇지만 그때 저는 실패한 결과에 실망하거나 원인을 따지기 전에, 이건 나의 첫 번째 오디션이고 비록 통과하지는 못했지만, 솔직히 말해서 최종 심사까지 간 것은 충분히 성공한 것이라고 생각했어요. 제가 떨어진 것이 외부 세상 탓이라고 생각하지 않았어요. 원하는 역할을 얻기 위해서는 배워야 할 것이 많다고 나 자신에게 말했어요."

그는 실패 원인이 자신의 탓이고 충분히 준비하지 못해서라는 건설적인 방향으로 생각했다. 실패 원인을 능력 부족이라고 돌리면 다음에 같은 일을 할 때 또 다시 실패할 것이라고 예상하여 쉽게 포기하게 되는데, 이처럼 노력 부족으로 원인을 돌리면 다음번에는 좀 더 철저히 준비하려고 노력할 것이고 그렇게 하면 성공을 기대할 수 있기 때문이다.

"음악을 사랑해서 노래할 뿐" - 내재동기

이미 다른 매체와의 인터뷰를 통해 음악과 뮤지컬에 대한 그의 높은 내재동기를 확인한 바 있다. 그렇다면 그가 외재동기에 대해서는 어떻게 생각하는지 궁금해졌다. 그에게 의사 결정을 할 때 외적인 제약(이를테면 다른 사람들의 주의 집중, 인정, 갈채, 금전적 보상, 벌, 부모의 기부 등)이 얼마나 중요한가 물었다.

"어릴 때는 제가 한 일에 주위 사람들의 이목이 집중되는 것이 제일 기분 좋았던 것 같아요. 반에서 일등이라는 것이 확실히 동기를 유발시키는 것이었어요. 어른이 된 지금은 외적인 보상 같은 것은 중요하지 않아요. 솔직히 제 자신을 분석해볼 때, 그것(외적인 보상)이 중요하지 않다는 것은 정직하지 못한 표현일 수도 있어요. 그러나 가장 중요한 점은 내 일을 즐긴다는 사실입니다. 그러니까 일이 좋다는 뜻이지요."

마이클은 처음 공연 후 2년 이상의 실직 상태에서도 오디션 도전을 마다하지 않았으며 뮤지컬 배우에게 필요한 성악과 연기, 프로듀싱 등을 공부한 바 있다. 그가 그런 태도와 행동을 지속할 수 있었던 데에는 자기 일에 대한 '사랑'이 밑받침 되었다. 그는 "저는 저 스스로에게 말했어요. 만약 내가 보다 큰 성공을 향해 한 걸음 더 나아가기를 원한다면 더 열심히 연습하고 기술을 연마해야 할 필요가 있다고요". 그의 일에 대한 사랑이 그의 긍정적 태도를 유지하고 발전적 행동을 계속해 나갈 수 있게 해주는 기초가 된 것이다.

"저는 제 일을 정말 사랑하고, 제 직업을 정말 사랑하고, 사람들을 정말 사랑해요. 저는 아직도 매일 내가 왜 이 일을 하느냐고 스스로에게 질문해요. 명성을 원하기 때문에? 사람들이 나를 알아보고 인사하는 것이 좋아서? 가족과 윤택한 생활을 할 수 있기 때문에? 이런 질문을 스스로에게 할 때마다, 나는 이 일을 사랑하기 때문이라는 것을 확인하게 돼요. 저는 음악을 통해서 이야기하는 것을 사랑합니다. … 제 마음을 좀 더 잘 알았으면 좋겠어요."

그는 음악으로 세상과 소통하는 것을 중요하게 생각하므로 뮤지컬 배우라는 자신의 직업에 대한 사명감이 높아서 외적 제약에는 크게 영향을 받지 않는다. 이처럼 높은 내재동기로 일하는 사람, 자신이 하는 일을 진정으로 사랑하고 즐기는 사람은 웬만한 실패 결과에도 실망하거나 좌절하지 않는다는 것을 마이클을 통해 새삼 확인할 수 있었다.

"지능은 노력하면 발달" - 성장 마인드셋

마이클에게 인간의 지능이나 재능은 주로 타고난다고 생각하는지 아니면 후천적으로 발달하는 것이라고 생각하는지 물었다. 그는 주저함이 없이 다음과 같이 말했다.

"지능은 발전시킬 수 있다고 믿어요. 가끔 이 문제를 놓고 아내와 많이 논쟁하는데, 아내는 타고나는 능력을 더 믿는 편이에요. 아내와 같이 살다 보니 전보다는 더 믿게 됐어요. 그렇지만 제 마음은 성장 마인드셋 쪽으로 기울어져 있어요."

추가 질문을 위해 이메일을 통해 인터뷰를 진행했을 때, 마이클은 특히 음악적 재능과 열정이 타고나는 것인가 아닌가를 놓고 아내와 많은 토론을 한다고 했다. 그의 아내는 음악적 재능과 능력은 타고난다고 생각한다고 했다. 반면에 마이클은 어릴 때 환경이 중요하다고 생각한다. 그는 어릴 때 그의 부모님이 음악과 예술을 사랑하신 것이 자신으로 하여금 음악에 빠져들게 했기 때문에 어릴 때 어떤 환경에 노출되었느냐가 중요하다고 한다. 실제로 마이클의 아주 어린 시절에 관한 기억은 어머니 아버지와 함께 음악회와 영화, 연극 구경을 다닌 것, 텔레비전 음악 프로그램 시청과 뮤지컬 레코드를 들은 것이라고 한다.

"그래도 그건(능력은 타고나는 것이라는 아내의 생각) 흥미로운 생각이기는 해요. 우리 아이들에게서 어떤 내재된 열정과 재능이 있는 것 같이 보이기는 하지만, 그건 아내와 제가 모두 끊임없이 '음악과 관련된' 일을 하고 있다는 사실이 우리 아이들의 무의식 속에 '음악'을 심어주었기 때문이라고 생각해요. 그건 항상 존재하는, 그래서 아이들이 그것에 대해 생각하지 않아도 저절로 흡수되는 무엇인 것이지요. 사람들이 그러잖아요. 운동선수가 되는데 가장 크게 영향을 미치는 요인이 운동선수 부모를 둔 것이라고요. 여기서도 유전이 일정 부분 역할을 할 것이라고 믿기는 하지만, 제 생각에는 부모가 그 가족을 경제적, 정서적으로 지원해 주는 기술에 높은 가치를 둔다는 사실이 아이도 역시 그 기술에 가치를 두게 되는 이유를 설명하는데 중요한 부분이 된다고 생각해요."

앞서 거론한 드웩 교수의 지능에 대한 두 가지 개인적 신념, 즉 성장 마인드셋과 고정 마인드셋 중에서 마이클은 확실히 성장 마인드셋을 가진 사람이다. 많은 예술인들이 지능이나 재능이 어느 정도 타고난다고 믿는데 비해 마이클은 그렇게 생각하지 않는 것 같다. 그는 자신과 자신의 아이들이 부모들의 음악에 대한 열정에 영향을 받은 것처럼, 아이의 '자연스러운' 재능을 계발하는데 있어서 환경이 훨씬 더 큰 역할을 한다고 믿는다. 이 같은 마이클의 생각은 성장 마인드셋을 가진 사람들이 갖는 대표적인 특징이다. 그리고 앞에서 거론했듯이 성장 마인드셋을 갖는 것은 실패내성을 발달시키는데 중요한 요인이다.

"내 연습의 최종 목표는 마스터가 되는 것" - 목표 지향성

개인의 목표 지향성도 실패내성 발달에 영향을 미치는 요인이다. 마이클의 목표 지향성을 알아보기 위해 이런 질문을 하였다. "목표나 계획을 세울 때 가장 중요하게 고려하는 것이 무엇인가?" "필요한 모든 기술을 다 가졌는데도 연습하는 이유는 무엇 때문인가?"

"제가 모든 기술을 다 습득했다고 느끼는 적은 없지만, 궁극적으로 마스터(master)가 되기 위해서 연습해요. 최고의 배우가 되기 위해, 기술을 향상시키기 위해 연습하지만, 제가 유능한 가수나 배우라는 것을 사람들에게 보여주고자 함이 아니에요. 그것은 저한테 중요하지 않아요."

그러면 다른 사람을 실망시키지 않기 위해, 가지고 있는 기술을 잃지 않고 유지하기 위해 연습하는 걸까?

"다른 사람들과 함께 일하는 사람들에게는, 물론 제가 잘못해서 동료들에게 피해 주는 것을 원치 않으니까, 연습하는 중요한 이유가 되기는 하지요. 그러나 가지고 있는 기술을 유지하기 위해 연습한다는 생각은 하지 않았어요. 만일 더 나은 기술 향상에 집중하게 되면 그 기술은 없어지지 않을 것이라고 생각하니, 하나의 동기 유발 요인이 되긴 하겠지요."

마이클은 확실히 숙달 목표 지향성의 특징을 지니고 있다. 경쟁 구도에서 활동하는 대부분의 사람들이 수행 지향적인 특성을 함께 가지고 있어서 항상 동료들보다 앞서려고 노력하는데 반해 마이클에게는 다른 사람에게 보여주거나 인정받는 것이 중요하지 않다. 이러한 특성 역시 높은 실패내성을 가진 사람들에게서 나타나는 현상이다.

"저는 제 자신을 믿어요" - 긍정적 자기지각

이미 브로드웨이에서 실력을 인정받은 마이클이 정작 본인 스스로는 자신의 노래와 연기 실력에 대해서는 어떻게 평가할까? 연기와 노래에 어느 정도 자신감을 가지고 있느냐는 질문에 겸연쩍게 웃으면서 "전혀 자신이 없다"고 하더니 이내 "그렇지만 저는 제 능력을 믿어요."라고 덧붙였다. 굳이 1에서 10까지의 척도에서 자신은 어디쯤에 있는지 물었더니, "아마도 6 정도? 앞으로 훨씬 더 나아져야 하기 때문에…"라고 말을 흐렸다.

아마도 겸손을 미덕으로 생각하는 한국인의 전통을 의식한 대답일 수도 있다. 여기에 아무래도 불편한 한국어 연기에 대한 부정적인 평가에도 신경이 쓰여서 이렇게 대답했을 거라 추측해 본다. 그러나 자신을 존중하는 정도를 측정하기 위한 자존감 척도에서는 6점 척도에서 5.44로 매우 높은 수준이었다. 이처럼 높은 자존감은 높은 실패내성을 유지하게 하는 원동력으로 작용했을 것이다.

"부모님은 우리가 좋은 사람이 되길 원하셨어요" - 심리적 환경

마이클의 높은 실패내성과 내재동기, 바람직한 귀인성향 등 그의 심리적 특성은 그가 자라온 환경에서 영향을 받은 것이 틀림없다. 그가 어릴 때 어떤 기본 심리 욕구가 가장 만족되었는지를 이해하기 위해 어릴 때 부모님이 가장 중요하게 강조한 가치가 무엇인지 질문했다. 예를 들어 건강, 정직, 근면, 성실, 신의, 가족애, 대인 관계, 학교 성적 등 일종의 가훈이나 부모님의 철학 가치관이 무엇인지 물었다.

"우리 형제들이 자라는 동안, 아무래도 아버지보다는 어머니가 더 우리를 챙겨주셨어요. 천주교 가정이고 독실한 신자인 어머니는 우리가 좋은 사람이 되는 것, 정직하고 성실한 사람으로 자라나는 것을 가장 중요시 하셨어요. 물론 공부 잘하는 것도 중요해서 항상 공부하라는 말씀을 하셨지요. 성적이 좋으면 어머니는 상으로 용돈을 주시곤 했는데, 이미 상으로 용돈을 주는 게 좋은 성적을 받게 하는데 도움이 된다는 사실을 파악하셨던 것 같아요. 그렇지만 우리가 착실한 천주교 신자로 자라게 하는 것을 무엇보다 중요하게 생각하셨어요."

마이클의 이야기 속에서 부모님의 양육 태도를 엿볼 수 있다. 부모님의 자녀 양육 태도가 자율성을 지지했는지, 통제하거나 자유방임적인 태도였는지 묻자 마이클은 주저하지 않고 통제적인 편이었다고 대답했다. 마이클은 막내의 프리미엄을 누려, 어머니는 형과 누나보다 훨씬 너그럽게 대하셨으나, 그럼에도 불구하고 어머니의 양육 방식은 통제적이었다고 회고했다.

마이클은 어릴 때부터 학교에 가고 공부하는 것을 좋아해, 고등학교 때까지 '특출한(exceptional)' 학생이었다고 회상한다. 모든 면에서 뛰어났기 때문에 뉴욕주의 작은 지방 도시 고등학교에서 스탠포드대학 심리학과에 입학할 수 있었을 것이다. 그러나 대학에 가서는 전공보다는 음악에 더 관심이 많아 이때 성적은 '평균 수준'이었다고 말한다.

어릴 때부터 음악을 좋아하긴 했지만 레슨 가는 것은 싫어했다. 어머니는 피아노는 기본이고 다른 악기를 하나 더 배우게 해서 마이클은 피아노와 바이올린을 배웠다. 어머니는 한 시간 이상 운전해서 아이들을 레슨에 데리고 다니셨다. 마이클은 고등학교에 들어갈 때까지 어머니 차를 타고 레슨 받으러 다녔다. 레슨 받는 게 싫었지만 어머니가 정해 놓은 규칙이었기 때문에 거역할 수 없었다.

마이클이 고등학교에 들어가면서 더 이상 피아노와 바이올린 레슨을 받지 않겠다고 선언하자 어머니도 그만두는 것을 허락하셨다. 더 이상 레슨 받으러 다니지 않게 됐고 연습도 할 필요가 없어졌다. 그는 레슨을 그만 두려고 고민했던 그 시기를 다음과 같이 회상했다.

"레슨을 그만 둔 이유는 제가 그걸 좋아해서 하는 것이 아니라는 걸 깨달았기 때문이었어요. 그저 해야 하기 때문에 그냥 하고 있었어요. 그러니까 열심히 하지도 않으면서 연습하고 있다고 거짓말 하고 마지못해 최소한만 연습하곤 했는데 부모님이 저를 위해 돈과 시간을 낭비하시는 게 죄송했어요. 죄책감이 들고 성취감도 느낄 수 없어서 레슨을 그만 받겠다고 선언한 거지요. 레슨을 그만두니까 후련했어요. 그런데 얼마 지나지 않아 저는 레슨을 그만둔 후에 연습하던 그 시간을 그냥 아무것도 하지 않고 보내고 있다는 것을 깨닫게 되었어요. 게을러진 거지요. 그것은 저에게 상당히 큰 깨달음이었어요."

결국 얼마 지나지 않아 스스로 피아노와 바이올린 레슨을 다시 받게 해 달라고 어머니께 부탁했다. 당시를 정확히 기억한다는 마이클은 이번에는 어머니의 강요에 의해서가 아니라 자기 스스로 결정해서 다시 시작했음을 강조했다.

"제가 다른 친구들과 다르다는 것, 음악에 대한 열정이 특별하고 남다르다는 것을 깨달았어요. 저는 다른 아이들과 같을 수가 없었어요. 그래서 어머니께 다시 레슨을 받고 음악을 계속할 수 있게 해달라고 했어요. 여전히 별로 잘 하지 못해서 좌절감을 느끼기도 했지만 그래도 적어도 내 스스로 돌아왔기 때문에 악기 연주를 잘 못하는 것은 제가 충분히 노력하지 않아서라고 생각했지요. 이전에는 어머니를 위해서 연습했다면 이제는 스스로를 위해 연습한 겁니다."

그는 음악 하는 사람들이 좋았다. 그래서 동네 청소년 오케스트라에도 참여했고 거기서 친구들을 사귀었다. 그들 중에는 평생 친구가 된 예술 관계자들이 많았다.

마이클의 어머니는 자신의 통제적 양육 행동이 마이클의 음악에 대한 흥미와 관심을 감소시키고 싫어하게 된 것으로 인식했을 수도 있다. 그래서 마이클이 레슨을 그만두겠다고 했을 때 순순히 허락했을 것이다. 그런데 마이클의 입장에서는 레슨을 거부하게 된 외적 제약(자녀들에게 악기 레슨을 받게 한 어머니의 규칙)이 없어짐에 따라 음악 자체를 좋아하는 자신의 내재적인 동기로 인해 다시 음악을 시작하게 된 것이다.

마이클은 자존감과 유능성에 대한 욕구, 관계성에 대한 욕구 등 세 가지 기본 심리 욕구도 만족된 것으로 보인다. 그는 또한 자신의 능력을 믿으며 자존감이 높다. 고교시절 내내 그의 능력 수준은 최고 수준의 대학에 들어갈 정도로 높았다. 어른이 된 후 브로드웨이에서 뮤지컬 배우가 되었고 한국에서도 실력을 인정받아 왕성한 활동을 하고 있는 것으로 보아 유능성에 대한 욕구도 충분히 만족돼 있을 것이다.

다른 사람들과의 친밀한 관계를 유지하고자 하는 관계성에 대한 욕구 역시 만족된 것으로 보인다. 부모님과의 관계, 동료에서 반려자가 된 아내와의 관계, 그를 좋아하는 많은 친구들과 동료들과의 관계는 그의 관계성에 대한 욕구가 만족되고 있음을 시사한다. 그는 외적 제약 때문이 아니라 음악에 대한 사랑으로 자신의 직업을 선택했기 때문에 그의 자율성에 대한 욕구도 만족되고 있음을 알 수 있다. 기본 심리 욕구에 대한 만족은 내재동기를 유발한다는 자기결정성 이론의 타당성을 마이클을 통해 확인할 수 있었다.

"아이들의 행복이 내 인생의 목표"

마이클과의 인터뷰는 아무리 많은 실패를 해도 현재 하고 있는 일을 사랑한다면 인생은 여전히 만족스러운 것이 될 수 있다는 것을 보여주었다. 그가 가지고 있는 실패에 대한 태도는 '실패를 환영한다'는 한 마디로 귀결된다. 그는 실패는 노력 부족 때문이라고 생각하는 귀인성향을 가지고 있으며 지능은 노력과 환경에 따라 발전할 수 있다는 성장 마인드셋을 가지고 있다. 또 숙달 목표 지향성과 자신의 능력을 믿는 긍정적 신념을 가지고 있다. 실패를 바라보는 그의 태도와 실패 후 보여주는 반응은 건설적 실패 이론의 교과서적인 사례임을 다시 한 번 강조하지 않을 수 없다.

그가 뮤지컬 배우가 된 것도 외적 강화나 보상이 아닌 내재동기에 의해 선택한 것이다. 그에게 보상은 노래 부르는 것이다. 오디션 낙방이나 실직과 같은 실패 경험을 하는 중에도 그는 여전히 노래를 부를 수 있기 때문에 실패를 기피하지 않는다. 따라서 실패를 두려워하거나 피하지 않고 적극적으로 대응할 수 있는 높은 실패내성을 가졌다고 할 것이다.

인생의 목표가 무엇이냐는 마지막 질문에 대해 마이클은, "현재 제 인생의 목표는 아이들이 자라나는 것을 보는 것입니다. 그 아이들이 행복하게 자라는 것을요."라고 답했다. 그 역시 한국에서 아이들을 키우면서 여러 갈등을 겪는 듯했다. 자신은 어릴 때 학교 가는 것이 좋아서 방학이 싫었는데, 현재 초등학교에 다니는 큰아들은 학교가 재미없다고 해서 걱정이란다. 그가 스스로 동기부여 하는 방법을 찾았듯이 그의 아이들의 동기부여에 도움이 되는 방법을 찾을 수 있기 바란다. 마이클은 자신의 이야기가 한국의 부모와 자녀들에게 실패 경험의 중요성을 심어주는 계기가 된다면 더할 나위 없겠다면서 인터뷰를 마쳤다.

마이클과의 인터뷰는 지난 30여 년간 연구해온 인간 동기 이론들의 타당성을 재확인하는 보람차고 의미 있는 시간이었다. 한편으로 그 동안 이 주제 연구를 기피해온 내 자신에게 과연 교육심리학자로서 책무를 다한 것인지 묻지 않을 수 없는 시간이기도 했다.

#2 운동선수에서 법조인 된 C

"실패는 연속되는 과정이고 종국적인 결과가 아니므로 보완하면 돼!"

건설적 실패 이론을 설명하는데 적절한 사례를 찾던 중 우연히 C의 인터뷰 기사를 신문에서 읽었다. 여러 번의 수소문 끝에 C와 연락이 닿아 인터뷰를 할 수 있었다. 별로 길지 않은 인터뷰였지만, 그는 굴곡진 그의 삶에 대해 담담하게 이야기 했다. 스스로 자신의 길을 선택했던 마이클과는 달리, C는 자신의 의지와 상관없이 인생 초기에 극복할 수 없는 실패를 맛봐야 했다. 오도가도 못하는 상황에서 의지와 끈기를 가지고 전혀 새로운 길을 개척해 성공한 그의 이야기를 들어본다.

신문 기사를 읽은 후 내가 가진 선입견은 운동선수였고 많은 실패를 겪어 실제 나이보다 더 들어 보이는 중년 남성이었다. 그런데 만나보니 내 선입견은 여지없이 무너졌다. 많은 실패를 겪은 운동선수 출신의 30대 중반이라고는 상상하기 어려울 만큼 동안이었다. 성격도 명랑해서 자신의 지나온 삶을 풀어놓는데 전혀 주저함이 없었다. 자신의 과거 불행했던 시절에 대해 이야기 하는 인터뷰 내내 그는 더 이상 그 불행에 신경 쓰지 않는 차분한 태도로 이야기했다.

C는 초등학교 3학년부터 고등학교 3학년까지 10년 동안 정상적인 학교 공부와는 거리가 먼 운동선수로 생활했다. 고등학교 졸업 후 프로팀에 들어가는 것이 목표였는데 고등학교 3학년 가을 프로팀 지명을 받지 못하였다. 운동선수로 살아온 이제까지의 삶이 하루아침에 무너졌고, 앞으로 어떻게 살아가야 할지 아무 대안도 떠오르지 않았다. 그는 초·중·고등학교를 운동선수로 다녔기 때문에 운동 이외에는 할 수 있는 것이 없었다. 그런데 스무 살도 채 되지 않은 어린 나이에 처절한 실패를 맛본 그가 그 실패 경험을 건설적으로 바꾸어 10여 년 만에 사법시험에 합격한 것이다. 그는 현재 법조인의 길을 가기 위한 준비를 하고 있다.

동네 형들과 운동하다 선수 된 C

C는 어릴 때부터 동네 친구, 형들과 함께 운동하는 것을 좋아했다. 초등학교 3학년 때 다니던 학교에서 운동부를 모집하는데 동네 형들이 들어간다고 하자 C도 따라 들어갔다. 초등학교에서 운동선수를 했기 때

문에 자연스럽게 중학교에 들어가서도 학교 운동부에서 선수로 활동했고, 이어서 C가 하는 운동으로 명성이 나있는 고등학교로 진학했다.

운동을 매우 좋아했지만 운동선수로 사는 것이 쉬운 일은 아니었다. 운동이 너무 힘들어서 중간에 그만두고 싶은 생각도 많이 했지만 이미 운동에 발을 들여놓은 이상 그만두는 것도 쉽지 않았다. 지금 생각하면 다른 기회가 있다면 운동을 그만둘 수도 있는데, 당시에는 감독이나 코치에게 혼날까봐 감히 엄두도 못 냈다고 한다. 운동선수로 1년 이상 지나면 그것밖에는 할 것이 없다고 다들 생각했고, 그 역시 체념한 상태였다.

다 그런 것은 아니지만 그 당시 한국에서 중·고교 운동선수를 하는 것은 공부를 완전히 포기해야 하는 일이었다. 학교 수업은 전폐하다시피 하고 훈련에만 전념했으니 선수를 그만두고 공부를 따라가기는 무리였다. 특히 부모들이 이런 생각을 하고 있어서 운동하는 학생들에게는 선택의 여지가 없었던 것이다.

C의 아버지는 아들이 운동하는 것을 원한 반면, 어머니는 좋아하지 않았다. 다만 남편과 아이가 원하는 일이라 적극 말리지는 않고 내버려둔 편이었다. 어머니가 반대한 이유 중에는 아들이 다른 학생들처럼 그 나이에 할 수 있는 경험을 하지 못한다는 것과 추우나 더우나 운동장에서 몸을 상해가며 운동하는 것이 안쓰러워서였다.

지명 실패가 인생의 전환점 돼

그렇게 초·중·고등학교 시절을 운동선수로 살아오던 중 안타까운 일이 생기고 말았다. 10년간 운동만 해온 C가 고등학교 3학년 가을, 고등학생 선수들을 대상으로 하는 프로팀의 지명을 받지 못한 것이었다. 그야말로 청천벽력과도 같은 사건이었다.

"지명 받지 못했을 때, 되게 슬프기도 했지만, 갑자기 바뀐 환경이 너무 당황스러웠어요. 매일 매일 정해진 훈련을 하고 스케줄 따라 운동했었는데 당장 그 다음날부터는 운동하러 가지 않아도 되고, 뭐… 대학입시를 앞둔 고3이었지만 원래 수업을 듣지 않았으니, 수업 시간에 들어갈 수도 없고… 운동밖에 몰랐던 내가 갑자기 바뀐 상황에 어찌할 바를 몰랐어요. 모든 시간이 내 시간이 됐지만 어떻게 써야할지도 몰랐고… 또 친구들은 이제 대학교 간다고 겉멋도 좀 부리고 그랬지만 저는 그럴 형편도 안 되었고, 하루아침에 모든 게 바뀌어 버린 상황이 당황스럽기도 하고, 이렇게 끝나는 것이 참… 느끼는 것이 참 많았어요. 슬픔, 좌절, 우울, 약간의 배신감, 이런 걸 느끼기도 했고 갑자기 지난 10년이란 세월이 없던 것처럼 돼버렸으니까…"

한국에서 중·고교를 운동선수로 다닌다는 것은 오로지 운동만 하면서 사는 것을 의미한다. 그나마 중학교 때는 오전 수업은 받았으나 고등학교에서는 아예 학교 수업을 들은 적이 없다. 미리 짜인 스케줄에 따라 새벽부터 밤늦게까지 하루 종일 체력 단련과 기술 훈련을 하면서 경기에 나가 이길 준비만 해왔다. 그런데 어느 날 갑자기 아무 것도 할 일이 없어졌으니, 고등학생으로서는 받아들이기 힘든 현실이었다.

'공부'와는 담 쌓을 수밖에 없던 운동선수 시절

지명에서 탈락하자 부모님은 어떻게 해서든 아들이 운동을 계속하기를 원하셨다. 그래서 지방 대학 팀에라도 들어가 선수 생활을 하도록 권유했다. 그러나 설사 대학에 들어가 운동을 계속한다 하더라도 4년 후 대학 졸업하고서 또 다시 프로팀 지명을 받지 못하면 그때는 더 돌이킬 수 없다고 판단한 C는 거기서 그만두겠다고 부모님께 말씀드렸다. 운동을 그만 두겠다고 스스로 결정했느냐고 묻자 그는 다음과 같이 대답했다.

"네, 제가 그만하겠다고 했어요. 왜냐면 사실 제 신체 조건이 뛰어난 선수가 되기에는 불리했어요. 이미 지명에서 탈락했다는 것에서도 알 수 있잖아요. 대학에 다니는 동안 갑자기 키가 크고 체격이 좋아질 리도 없고요."

그래서 공부를 시작했느냐고 물었다.

"그렇다고 공부해야겠다는 생각은 하지 않았고… 그런데 좋은 대학교에 다니는 동네 누나가 있었는데 그 누나가 대학은 가야된다고 하는 거예요. 너무 부담 갖지 말고 재수 학원에 다니면서 전문대학에라도 가야되지 않겠냐고 했어요. 저도 딱히 할 것도 없고 그래서 재수 학원에 가서 그냥 등록했어요."

당시만 해도 C에게 있어서 '공부한다'는 것은 자신과는 아무 상관이 없는 남의 일이었다. 자신이 무슨 일을 할지 고민할 때 공부는 전혀 고려 대상이 아니었다. 그도 그럴 것이 중·고등학교 시절 내내 운동선수로 살아온 그의 삶 속에 공부는 존재하지 않았기 때문이다. 그런 그가 어떻게 다시 공부를 하게 되었는지, 운동하기 전에는 학교 공부를 좋아했는지 궁금했다.

"운동하기 전 어렸을 때는 공부를 좋아했어요. 나름 잘했던 것 같아요. 반장도 계속했고, 글 쓰고 책 보는 것 좋아해서 위인전도 많이 읽었어요. 그런데 운동을 한 후로는 (공부)한 적이 없어서…"

원래 공부를 재미있어 하고 좋아했으니 재수 학원에 다니면서 공부를 다시 시작하는 게 어렵지 않았겠다고 하자 그는 좀 다른 이유로 학원에 다니기로 했다고 말했다.

"네, 그런데 제일 큰 것은 운동할 때는 매일 규칙적인 생활을 했다는 거예요. 하루 훈련을 끝내고나서도 보충 연습을 해야겠다고 마음먹으면 누가 시키지 않아도 밤에 혼자 연습하곤 했어요. '나는 열심히 했어'라며 나름 뿌듯함을 느끼곤 했어요. 그런 목표나 삶의 원동력이 있었기 때문에, 그거 하나 보고 달려왔는데 그게 없어진 거예요. 뭐라도 하나(목표나 삶의 원동력) 있었으면 좋겠다고 생각하던 차에 동네 누나의 권유로 공부를 하게 됐고 수능까지 보게 된 거지요."

그는 그냥 놀 수는 없지 않겠느냐는 부모님과 주위 사람들의 권유로 재수 학원에 등록했다. 매일 매일 규칙적으로 할 수 있는 일이 생긴 것이다! 그러나 학원에서 본 첫 번째 모의 수능 시험은 충격적이었다. 시험지를 받긴 했으나 아는 문제가 하나도 없었다. 그냥 같은 번호를 찍어 답안지를 채웠더니 400점 만점에 70점이 나왔다. 다시 공부할 수 있을지 자신이 없었지만 1년 동안 수능 공부를 해서 수도권에 있는 대학의 사회 계열에 추가 모집으로 들어갔다. 대학 재학 중에 군복무를 마치고 복학한 그는 평소에 가끔 찾아가 조언을 구했던 한 교수님의 권유로 법학 과목들을 수강하면서 사법시험을 준비했다. 3년 동안 초시계를 놓고 시간 관리할 정도로 분초를 아끼며 공부했다. 3년만에 처음 치른 사법시험에서 1차에는 합격했으나 2차 시험은 낙방했다. 다음해 다시 도전했을 때는 1차에서도 떨어졌다. 그렇게 시간이 흘러 그는 9년 만에 대학을 졸업했다. 그러나 취업도 쉽지 않아 아르바이트로 근근이 살아갔다.

힘들고 오랜 방황 기간에도 그가 좌절하지 않았던 데에는 동호회에서 만난 여자친구(얼마 전 결혼해 아내가 되었다.)의 적극적인 권유와 응원이 있었기 때문이었다. 취업 준비를 하던 그는 여자친구의 도움으로 다시 사법시험에 도전해 고교 졸업 후 14년 만에 사법시험에 합격했다.

10년간 운동선수로 살아오다 프로팀 지명에서 떨어져 하루아침에 목표가 사라지는 처절한 실패 경험을 한 그가 어떻게 이를 극복하고 건설적인 방향으로 나아갈 수 있었는지, 그와의 인터뷰 내용을 분석해 보았다.

C의 특성 분석

C가 현재 상태의 실패내성을 갖게 되기까지 어떤 개인차 요인을 가지고 있는지 분석했다.

"실패해도 한 번 더 하면 돼" - 실패에 대한 긍정적 태도

먼저 C에게 '실패'라는 말을 들으면 제일 먼저 어떤 생각이 떠오르는지 물었다.

"실패는 그냥 실패고 연속되는 과정 속에서 실패지 종국적으로 실패로 끝나는 것은 아니라고 봐요. 보완을 해서 하면 된다고 생각해요."

그가 보완을 해서 하면 된다는 것은 좀 더 효과적인 전략을 도입하고 더 많은 노력을 투여하는 것을 의미하는 것이다. 실패를 결과로 보지 않고 과정의 일부라고 생각하는 C의 태도는 실패내성의 한 특성이다. 그러므로 그 동안 살아오면서 경험했던 일들과 이에 대한 그의 생각과 태도를 분석해 보면 그의 높은 실패내성이 어디서 왔는지 찾아낼 수 있을 것이다.

실패할 때마다 무슨 생각을 했느냐는 질문에 대해 그는 다음과 같이 대답했다.

"운동도 고시도 죽을힘으로 최선을 다했는데 왜 안 될까 하는 생각은 많이 했어요. 열심히 했는데 실패했을 때의 좌절은 정말 컸어요. 그렇다고 무기력해지지는 않았고 다만 허무했지요."

그러나 사법시험 합격이라는 목표를 이루어서인지 이제는 자신이 진취적으로 해나가면 실패를 해도 그렇게 크게 좌절을 느끼지는 않을 것 같다고 C는 덧붙인다.

"저는 운동은 열심히 했는데 어떤 책임을 져야 하는 그런 상황은 굉장히 두려웠어요. 그런데 자의반타의반 운동을 그만두고 나니, 정말 신기하게도 실패에서 배운다는 걸 알게 되었어요. 제가 노력하지 않아도 자연스럽게, '아! 내가 그러지 말았어야 했는데…'라고 반성하게 되더라고요. 어린 나이였지만, 이제는 그렇게 살지 말아야겠다는 생각을 한 거죠. 노력을 정말 많이 하면은 실패하더라도 분명 얻는 것이 있다고 많은 사람들이 말하잖아요. 몸소 체험을 했기 때문에 그렇게 살아야 된다고 생각하고 있어요."

그는 운동하는 동안에는 칭찬을 받기 위해 하다보니까 실패를 기피했었는데 실패를 심각하게 경험하고 나서부터 생각이 변했다고 한다.

C는 실패 원인을 두 가지 상황에서 각기 다르게 인식하였다. 자신이 프로팀 지명을 받지 못한 이유 중 신체적 조건은 노력한다고 되는 일이 아니었다. 통제 불가능하고 쉽게 변하지 않는 안정적인 원인이었기 때문에 운동선수를 비교적 쉽게 포기할 수 있었다. 그리고 그 파장도 그에게 그리 심각하게 다가오지 않았다. 또한 그의 다른 개인적 특성과 조건들이 실패 경험 후에 오는 부정적 감정에서 빨리 헤어나올 수 있게 만들었다.

C에게도 마이클과 마찬가지로 실패내성 수준을 측정하기 위한 실패내성 설문지를 실시했다. 결과는 6점을 만점으로 했을 때 감정 척도 3.0, 행동 척도 5.25, 과제 난이도 선호 척도 4.25, 전체 척도 점수는 4.17로 나타났다. 감정 척도에서 척도의 중간점인 3.5보다 낮은 3.0은 실수하면 화가 나고 낮은 평가를 받으면 슬프다는 반응 때문이었다. 그러나 그의 약간 부정적인 감정 반응은 실패 후 보이는 노력과 미래지향적인 행동 반응이 5.25로 높게 나타나 낮은 감정 척도를 만회했다. 과제의 난이도 선호 수준도 4.25로 쉬운 과제보다는 비교적 도전적이고 어려운

과제를 선호하는 것으로 측정돼, 평균 실패내성은 비교적 높은 편으로 나타났다.

그러나 이 평가 결과는 실패와 좌절을 이기고 난 현재 상태에서 한 것이라 타의에 의해 운동을 그만두고 사법시험에서 거듭된 실패에 부딪혔을 때 한 설문 결과와는 차이가 있을 수 있다. 특히 과제 난이도 선호 평가를 알아보기 위한 인터뷰에서는 어려운 쪽을 선호한다고 대답했다. 자신을 약간 과대평가하는 경향을 보인 것이다. 그러나 설문지로 평가했을 때의 과제 난이도 선호도는 그다지 높지 않아, 방법을 달리하여 평가한 결과가 일치하지 않음을 알 수 있었다. 이를 다시 확인하기 위해 어려운 과제를 선호하는 것은 실패 가능성이 높은데 그래도 괜찮다고 생각하는지 물었다.

"예전에는 그게 좀 중요하다고 생각해서 성공할 수 있는 것만 했어요. 실패하지 않는 것이 중요했는데… 이제는 뭐 그다지 중요하지 않다고 생각해요. 그러니까 (실패해도) 한번 더하면 되는 것이고, 분명 배우는 것이 있으며 나아지기 때문에 저는 일관되게 어려운 과제를 선택합니다."

C의 실패를 겁내지 않는 태도는 운동을 그만두고 재수 끝에 대학에 들어가 공부하면서 생겼을 것이다. 대학에 들어가기 전까지 그는 공부할 기회가 없어서 아는 것이 없기 때문에 모든 과제가 다 어려웠다. 어렵

게 대학에 가서는 무조건 아무 책이나 읽고 모르는 것을 모아놓았다가 그를 격려하고 이끌어주던 교수를 찾아가 질문하면서 해결했다. 실패할 가능성이 있는 어려운 과제라는 개념이 아예 없던 시기로 판단된다. 왜냐하면 자신의 능력에 대한 평가가 가능할 때라야 실패 가능성에 대한 판단도 서기 때문이다.

"운동은 실력 부족, 사법시험 낙방은 노력 부족" - 인과귀인

지금까지의 삶 중에서 C에게 가장 큰 실패 경험은 고등학교 3학년 때 프로팀 지명에서 탈락한 것이다. 그에게 탈락 이유가 무엇이라고 생각하는지 물었다.

"실력이 부족했죠. 노력 부족은 아니에요. 정말 열심히 했어요. 운이나 그런 것도 아니라고 생각해요. 선수가 선택하는 게 아니라 그들이 정해 놓은 기준에 따라 선수를 뽑는 것이니까… 중·고등학교 시절 키가 너무 안 자랐어요. 그래서 장래성을…(인정받지 못했어요.) 나중에 프로 무대에 가서 잘할 수 있을 것이라는 평가를 받지 못한 거지요."

그는 프로팀 지명에서 탈락한 이유로 자신의 실력과 신체적 조건을 들었다. 이것은 인과귀인을 하는데 있어서 내적이고 통제 불가능한 이유로서 건설적인 방향이 아니다. 다시 말해서 신체적 조건 때문에 탈락되었고 더구나 이러한 신체 조건은 운동선수로 성장하는데 필수적인 것이므로 그 자신이 어떻게 해볼 수 있는 상황이 아니었다. 그리고 또한 죽을 만큼 최선을 다했는데 떨어졌다는 것에 원인을 돌린다면 더 이상 그 방면에서의 성공은 기대하기 어렵다는 이야기가 된다.

프로팀 지명에서 탈락한 이유가 자신의 신체적 조건이 가장 큰 것이라고 생각했기 때문에 10년간 했던 운동을 쉽게 포기할 수 있었을 것이다. 통제 불가능성에 대한 그의 인식은 후속 상황에서 동기부여를 해주지 못한다는 귀인이론을 확인해 주고 있다.

C는 그러나 사법시험에서 떨어진 이유로 노력 부족이 가장 컸다고 하면서 시험 준비할 때 학원에 다니지 않고 혼자 공부했기 때문에 효과적인 공부 방법과 중요한 내용 파악이 부족했던 것 같다고 했다. 실패 원인에 대한 노력 부족과 잘못된 전략 사용은 통제 가능한 내적 이유이므로 좀 더 열심히 효과적인 전략을 사용함으로써 다음 기회에는 성공을 기대할 수 있다는 생각을 했을 것이다.

자율성에 대한 욕구 만족 - 내재동기

어릴 때 C는 운동에 흥미가 많았으며 운동을 하고자 하는 동기도 매우 높았던 것으로 보인다. 초등학교 시절 동네에서 친구들과 운동을 할 때는 재미있어서, 더 많이 운동을 하고 싶어서 운동부에 들어갔으나 운동선수가 되어서는 재미있어서 하는 '놀이'가 아닌 해야만 하는 '일'이 되어버린 것이다.

"학생들이 공부할 때 관성이 생겨 저절로 흘러가듯이 하는데 저도 운동할 때 그랬던 것 같아요. 열심히 하기는 했지만 반드시 프로 선수가 된다는 목표(확신)를 가지고 했던 건 아니었어요. 어릴 때부터 해왔으니까 그냥 했고, 또 잘하고 싶어서 열심히 연습하긴 했지만, 그렇다고 '잘 나가는 누구처럼 되겠다'는 생각은 해보지 않았어요. 그저 남의 이야기로만 생각했으니까요."

일단 운동선수가 되자 재미로 하던 운동이 더 이상 재미로만 할 수 있는 놀이가 아니었다. 더욱이 선수로 활동하기 위해서는 엄격하게 통제된 환경 속에서 규칙적인 훈련과 연습을 해야 하는 의무와 책임감 등으로 인해 운동에 대한 내재동기는 감소된 것으로 보인다. 내재동기 이론가들이 말하는 내재동기가 외적 제약으로 인해 절감된 것이다.

다행이 C는 자신의 신체 조건 때문에 운동을 그만두어야 한다는 사실을 받아들였기 때문에 실패의 파괴적인 효과가 '회복 불가능'한 수준까지 갈 정도로 심각하지는 않았던 것으로 추정된다.

대학에 가기로 결정하고 재수 학원에 다니며 공부한 이유는 시험을 보아야 전문대학이라도 갈 수 있기 때문이었다. 순전히 외재적인 동기에 의해 공부한 것이었다. 그런데 대학에 입학하게 되어, 읽고 싶은 책 읽고, 하고 싶은 공부를 하면서 공부에 흥미가 생겼다.

자신이 운동을 하거나 공부를 하는데 칭찬과 같은 외적 강화가 얼마나 중요했는지를 질문했다.

"어렸을 적에는 칭찬이 중요했어요. 저는 곧잘 주눅이 드는 타입이었기 때문에 코치님이 뭐라고 하시거나 엄한 코치님이나 감독님을 만났을 때는 굉장히 소극적으로 변했어요. 운동할 때는 돋보이고 적극적인, 그런 약간의 스타성이 있어야 하는데 저는 그런 상황을 피했어요. 왜냐하면 실패했을 때 저한테 돌아올 결과가 무서웠기 때문에 적극적으로 나서지 못했어요. 운동을 그만두면서 그게 참 잘못됐다는 생각을 아주 많이 했어요. 내가 그때 적극적이었으면 운동에서 성공하지 못했어도 내가 할 수 있는 다른 것을 했었을 텐데… 그게 너무 후회스러웠어요.

그런데 운동을 그만두고 나서 성격이 한 번 변했어요. 대학에 다니면서부터는 제 몫을 찾아서 다니는 학생이 된 것이죠. 질문도 굉장히 많이 하고, 잘 이해할 수는 없었지만 막스 베버라든지 그런 책을 무조건 읽고 나름대로 정리해서 질문하고 했어요. … 성격이 변한 거죠."

선수생활을 할 때 그는 외적으로 동기화되었다. 그는 칭찬에 의해서만 동기화되었고 칭찬 받지 못하는 실패 상황은 기피하였다. 따라서 피할 수 없는 실패 상황에서 대처할 수 있는 방법을 배우지 못했던 것이다. 감독이나 코치가 시켜서 운동한다고 생각하니까 어릴 때 재미있어서 하던 운동이 더 이상 재미있지 않았다. 반면 대학에 다니면서부터는 내재동기에 의해 공부했음을 알 수 있다. 하고 싶은 것을 스스로 찾아서 공부하면서 더욱 흥미를 느끼고 적극적으로 변해 갔다.

그는 상, 인정, 벌, 강요와 같은 외적 요인이 운동이나 공부할 때 의사 결정에 영향을 미쳤다고 생각하지는 않았다.

"의사 결정을 하는데 외적인 요인은 별로 의미가 없었고 그런 제약도 많지 않았던 것 같아요. 집에서 부모님이 저한테 요구한다든지 잘못했다고 핀잔을 준다든지 그런 적이 없었어요. 나중에 대학에 다닐 때도 혼자 독학했기 때문에 그런 외적인 것은 별로 없었어요."

스스로 알아서 하는 편이었던 그는 대체적으로 내재동기를 결정하는 가장 핵심 요인인 자율성에 대한 욕구가 만족된 가정환경에서 살아왔음을 알 수 있다. 비록 운동선수로서는 마음대로 행동할 수 없었지만, 자녀의 자유를 중시하는 양육태도를 가진 부모님과의 생활 속에서 자율성에 대한 욕구 충족이 가능했을 것이다.

자녀 의견 존중해 준 부모님 - 심리적 환경

그의 부모님은 언제나 아들의 의견을 존중해 주셨다고 한다. 그의 부모님이 가장 중요하게 생각하고 강조한 것이 무엇인지 궁금했다.

"어머니는 항상 예의바르게, 유교적인 것을 강조하셨어요. 어머니는 무엇이든 제가 선택한 일을 적극적으로 지지해주셨기 때문에 모든 것을 제가 선택하고 살았어요. 아버님은 별 말씀이 없었고 그냥 믿고 맡겨주셨어요. 아버지는 항상 우리 편이셨어요. 특히 저한테 굉장히 관대하셔서, 저 때문에 시합에서 져도 '네가 제일 잘했다'고 하시곤 했어요."

그의 부모님은 자녀가 하고 싶은 것이나 하고 있는 일을 지지해 주셨다. 그의 부모님은 또한 자녀들에게 많은 관심과 애정을 쏟았다. 특히 그의 아버지는 자식에 대한 관심이 남달라 자주 애정 표현을 하곤 했다. 부모님의 이 같은 애정 표현이 관계성에 대한 욕구를 충분히 만족시켰기 때문에 C의 자율성에 대한 욕구 만족과 함께 내재동기 발달에 큰 영향을 미쳤음을 알 수 있다. 부모님의 이러한 자율성 지지적인 태도와 관계성 욕구를 만족시키는 애정적인 태도는 그가 실패 경험을 딛고 새로운 진로를 선택하는데도 큰 힘이 되었을 것이다.

또 한 가지 중요한 사실은 대학을 졸업하고 사법시험에서 실패하고 난 후 아르바이트로 살던 중에 만난 (지금은 아내가 된) 여자친구의 깊은 신뢰와 애정이 그가 계속 사법시험에 도전할 수 있게 만든 중요한 요인이라는 점이다. 관계성에 대한 욕구 만족은 내재동기 유발에 큰 역할을 한다는 점을 다시 한 번 확인해 주었다.

지능에 대한 신념 - 두 가지 마인드셋

C는 지능에 대해 어떤 생각을 가지고 있을까? 지능은 타고나는 것이

라 변하기 어렵다고 생각하는지, 혹은 열심히 노력하면 더 좋아질 수 있다고 생각하는지 물었다.

"저는 타고나는 면도 있고 노력으로 좋아지는 면도 있다고 생각해요. 타고나는 재능이 있긴 하지만 사고의 끈기나 지속성, 깊이 같은 것은 노력할수록 좋아진다는 것을 느꼈습니다. 그런데 순발력이나 어떤 것을 처음 접했을 때 이해하는 깊이 같은 것은 타고난다는 생각도 하게 됩니다."

지능에 있어서 그는 성장 마인드셋과 고정 마인드셋을 모두 가지고 있다고 판단된다. 열심히 노력해서 향상되는 것을 직접 경험하기도 했지만, 주위의 동료들을 보면서 타고나는 것도 있을 것이란 생각도 하기 때문이다.

"지적 호기심 채우기 위해 공부한다" - 목표 지향성

C는 어떤 일을 시작할 때 무슨 생각을 하면서 목표를 세우는지 알아보기 위해 몇 가지 선택지를 제시했다. 다른 사람보다 더 잘 하는 것 혹은 경쟁에서 이기는 것, 기술이나 지식을 향상시키는 것, 다른 사람에게 무능한 사람으로 보이지 않는 것, 현재 가지고 있는 기술이나 지식을 유지하는 것 중에서 어디에 해당하는지 물었다. 그는 내가 제시한 선택지들에 대해서는 답하지 않고, 망설임 없이, "특별히 생각해보지는 않았지만, 지적 호기심이 많아서 궁금한 것이 있으면 그걸 알기 위해 공부한

다."고 했다. 즉, 숙달 목표 지향성을 가지고 있음을 알 수 있다.

그러나 앞선 질문에서 운동선수 시절에는 코치님한테 야단을 맞지 않기 위해서 연습하고, 실패하지 않기 위해 열심히 연습했다고 대답한 것으로 보아 수행 목표 지향성을 가지고 있었음을 알 수 있다. 그의 말대로 운동할 때와 대학에서 공부를 할 때 개인적 특성이 변화했음을 의미한다.

"삶이 점점 좋아지고 있다고 느낀다" - 긍정적 자기지각

C는 자신의 능력을 비교적 긍정적으로 생각하고 있는 것 같다. 자신이 해야 하는 일에서 얼마나 잘할 수 있다고 생각하느냐는 질문에, "분명 저보다 뛰어난 사람이 많은 건 잘 알고 있는데, 제가 좋아질 것이고 제 삶이 살아 있어서 점점 좋아지고 있음을 느끼기 때문에, 제가 가진 것보다 좀 높게 평가하는 편"이라고 웃으며 대답했다.

그는 자신의 능력을 평가하는 설문지에서도 대부분의 사람들처럼 일을 잘할 수 있다고 했다. 그리고 자신을 존중하는 마음, 즉 자존감을 평가하는 설문에서 자신에 대해 긍정적으로 평가하는 것으로 답했다. 다만 자신이 '대체적으로 실패한 사람'이라고 생각한다는 질문에 '매우 그렇다'고 답한 것으로 보아 운동선수를 계속하지 못한 실패가 여전히 그에게 앙금으로 남아 있는 것을 알 수 있다. 그러나 겸손함을 미덕으로 생각하는 한국인들의 의식에 비추어 생각할 때 그 역시 자신의 능력을 평가하는 질문에는 겸손한 반응을 보인 것으로 추측할 수 있다.

"운동선수 위한 교육 제도 개편이 절실"

C는 고등학교 3학년생이라는 어리다면 어린 나이에 오로지 프로 운동선수가 되겠다는 목표만을 바라보고 살아온 10년이란 긴 시간이 한 순간 물거품이 되는 허무한 실패 경험을 하였다. 그 후 법조인이라는 전혀 다른 진로를 선택해서 또 다시 10년에 걸쳐 반복적인 실패와 좌절을 경험한 후 현재의 성공을 이룬 사람이다. C는 실패를 결과로 보지 않고 연속되는 과정 속의 일부로 생각하기 때문에 실패를 두려워하거나 피하지 않고 건설적인 방향으로 활용해 현재의 상태에 도달했음을 알 수 있다.

C는 어릴 때 운동선수로서 실패한 원인을 신체 조건과 능력 부족이라는 자신이 어쩔 수 없는 통제 불가능한 요인 때문이라고 했다. 그러나 진로를 바꾸고 공부를 시작한 후에는 실패의 원인을 노력 부족과 잘못된 전략 사용 때문이라는 통제 가능한 내적 요인에 탓을 돌렸다. 이 같은 귀인 방향의 전환은 실패를 건설적으로 활용할 수 있는 내성의 발달을 증진시키는데 결정적인 역할을 한 것으로 해석할 수 있다.

그는 또한 공부에 대한 내재동기가 높게 나타났는데 이러한 내재동기는 자율성, 유능성 그리고 관계성에 대한 욕구라는 기본 심리 욕구의 충족으로 유발되었을 것이다. 그리고 지능에 대한 성장 마인드셋, 숙달 목표 지향성, 자신의 능력에 대한 긍정적 태도 역시 그의 실패내성을 발달시키는데 작용했을 것이다. 특히 실패 후에 부정적인 감정에 오래 빠져있지 않고 앞으로 어떻게 할 것인가를 생각하는 미래지향적인 행동 특성을 가지고 있기 때문에 실패 경험을 건설적인 방향으로 전환시킬 수 있었다.

처음 그를 만났을 때 아직 특별히 이룬 것도 없는데 자신의 이야기가 책에 실리는 것을 부담스러워 했다. 하지만 자신과 같은 실패 경험을 하는 유·청소년 운동선수들에게 조금이라도 도움이 될 수 있기를 바라는 마음에서 인터뷰에 응했다고 했다. 그뿐만 아니라 현재 주변 동료들에게서도 느끼는 것이지만 젊은 사람들이 실패를 너무 두려워하는 것 같다고 하면서 실패를 기피하는 사회적 풍토가 바뀌는데 일조할 수 있기를 희망한다고 했다.

마지막으로 그는 한국의 유·청소년 운동선수들을 위한 교육 제도의 개편이 절실히 필요하다고 했다. 초·중·고등학교에서 운동선수를 하면 학과 수업을 들을 기회가 거의 없어서 졸업 후에 프로 선수가 되거나 특기자로 대학에 들어가지 못하면 그 후 할 수 있는 일이 너무나 제한되어 있음을 뼈저리게 체험했기 때문이다. 그는 10년 간 운동을 하는 동안 다른 삶에 대해 알려준 사람도, 경험할 기회도 없었다고 했다. 그렇기 때문에 유·소년 운동선수들이 자신의 또 다른 적성도 알아보고 개발할 수 있는 기회를 제도적으로 마련해 주어야 한다고 힘주어 말했다.

C는 인터뷰하는 내내 참담한 경험을 한 사람 같지 않게 밝고 명랑하게 자신의 어려웠던 과거 경험을 이야기하고 질문에 대답해 주었다. 인터뷰를 마치고 헤어지면서 "교수님 책이 빨리 나와서 많은 사람들이 실패가 중요하다는 것을 알게 되면 좋겠다."며 해맑게 웃는 그를 보면서 앞으로 사람들을 위하고 사회를 위해 헌신하는 법조인이 될 것이라고 확신할 수 있었다.

#3 두 사람의 특성 비교

전혀 다른 두 사람의
매우 유사한 실패내성 관련 특성

앞에서 인터뷰한 마이클 리와 C씨는 전혀 다른 환경에서 자라서 전혀 다른 분야에서 활동하고 있는 사람들이다. 이런 두 사람과의 인터뷰를 진행하는 동안 나는 놀라움을 금할 수 없었다. 그들의 입을 통해서 나오는 이야기들은 내가 지난 40여년 이상 공부하고 연구해온 동기이론과 건설적 실패이론으로 설명되는 현상들이며 교과서에 나오는 예시 그 자체였기 때문이었다. 두 사람의 인터뷰 내용을 실패내성의 핵심요인들을 중심으로 공통점을 요약하고 비교 분석해 보기로 한다.

실패에 대한 긍정적 태도

첫째, 실패에 대한 두려움이 없다는 것이다. 실패가 예상되는 상황을 기피하지 않을 뿐만 아니라 성공을 위해서 실패 경험은 꼭 있어야 한다는 생각을 가지고 있다. 두 사람 모두 어릴 때 시작했던 진로를 고등학교를 마치면서 변경하였다. 학업에서 최우등생이었던 마이클은 원하는 음악을 하기 위해 스스로 진로를 바꿨다. 뮤지컬 배우가 되고자 여러 번의 실패를 경험하며 스스로를 실패 상황으로 몰아갔다. 실패를 두려워했다면 가지 못할 길을 선택한 것이다.

특히 마이클은 "실패를 환영한다"고 할 정도로 실패에 대한 긍정적인 생각을 가지고 있다. 성공한 횟수는 실패하고 돌아와서 다시 도전한 횟수에 정비례한다는 중학교 시절의 한 선생님의 가르침을 평생의 모토로 삼고 살아왔다고 말할 정도로 실패 경험을 인생에서 필수적인 것으로 생각하고 있다.

이에 비해 C는 10년 이상 외길로 달려오며 꿈꿨던 프로 운동선수라는 목표가 한 순간에 사라지면서 처절한 실패를 경험했으며, 그 후에는 전혀 다른 목표를 세우고 그 목표를 이루기 위해 끊임없이 실패를 선택했다. 그는 운동선수로서의 실패 후에 크게 좌절했지만, 그 실패 후에 정말 신기하게도 실패에서 배운다는 것을 알게 되었다고 한다. 그러면서 노력을 많이 하면 실패하더라도 분명 얻는 것이 있다는 것을 체험했기 때문에 실패에 대한 긍정적 태도를 갖게 된 것이다.

실패의 원인 - 노력 부족과 잘못된 전략

둘째, 두 사람 모두 중요한 과제나 수행 상황에서 실패한 원인이 능력 부족이나 외부의 어떤 이유 때문이 아니라 자신의 노력 부족 때문이라고 생각하는 경향이 두드러졌다는 점이다. 능력 부족으로 실패의 원인을 돌리면 더 이상 자신의 삶을 통제할 수 없다는 생각 때문에 무기력해지기 쉽다. 그러나 노력 부족으로 탓을 하면 얼마든지 더 노력하여 다음번의 실패는 극복할 수 있다는 실패내성이 작용하는 것이다.

마이클은 실패의 원인을 노력 이외의 다른 어떤 것으로도 생각하지 않는 확고한 신념을 강하게 표현했다. 반면에 C는 어릴 때 운동선수로서 실패한 원인에 대해서는 자신의 신체조건, 즉 자신이 어떻게 할 수 없는 통제 불가능한 이유 때문에 실패했다고 생각했기 때문에 선수생활을 쉽게 포기할 수 있었다. 그러나 진로를 바꾸고 공부를 시작한 후에는 실패의 원인을 노력 부족과 잘못된 전략 때문이라는 통제 가능한 내적 요인에 탓을 돌렸다. 이 같은 귀인 방향의 전환은 실패를 건설적으로 활용할 수 있는 내성의 발달을 증진시키는데 결정적인 역할을 한 것으로 해석할 수 있다.

성장 마인드셋

셋째, 인간의 지능이나 능력은 타고나는 고정적인 것이라기보다는 노력에 의해 향상될 수 있다는 성장 마인드셋을 가지고 있다는 점이다. 대체로 성장 마인드셋은 어린 아동들이 주로 가지고 있는 신념이고 성장할수록 고정 마인드셋으로 전환되는 경향이 많다. 그러나 마이클은 능력은 노력에 의해 향상될 수 있다는 믿음을 확고하게 가지고 있다. 대체로 예술 분야에 종사하고 있는 사람들은 재능은 타고난다는 생각을 가지고 있는 경우가 많으나 마이클은 그런 생각에 별로 동의하지 않고 노력의 중요성을 강조하였다. C 역시 능력의 어떤 측면은 타고나기도 하지만 대부분은 노력에 의해 향상될 수 있다고 믿고 있었다.

숙달 목표 지향성

넷째, 두 사람 모두 숙달 목표 지향적인 성향을 가지고 있다는 점이다. 이는 두 사람 모두 어떤 과제를 시작할 때 지식을 축적하고 기술 수준을 향상시키고 새로운 것을 배우고자 하는 목표를 가지고 시작하는 것을 알 수 있다. 두 사람에게서 다른 사람의 인정을 받거나 유능해 보이려고 혹은 경쟁에서 이기기 위한 수행 목표를 설정하는 경향은 보이지 않았다.

재미있는 사실은 두 사람 모두 매우 경쟁이 치열한 분야에 몸을 담고 있으면서 다른 사람을 이겨야 한다는 생각을 별로 가지고 있지 않다는 것이다. 다른 사람과의 경쟁에서 이기고 남의 인정을 받는 것을 중요하게 생각하는 사람이라면 이처럼 심한 실패를 경험해야 하는 분야를 선택하지 않았을 것이기 때문이다. 이와 같은 숙달 목표 지향적인 특성이 실패라는 결과보다는 그 과정을 의미있게 생각하는 실패내성을 높이는데 영향을 미친 것이고 이러한 특성이 두 사람을 각 분야에서 성공한 사람이 되는데 공헌했을 것이다.

기본 심리 욕구 만족과 긍정적 자기도식

다섯째, 두 사람에서 볼 수 있었던 또 다른 공통점은 기본 심리 욕구가 상당히 만족된 삶을 살아왔으며, 자신에 대해 긍정적인 생각을 가지고 있다는 점이다. 두 사람의 부모님들은 자녀에게 깊은 애정을 가지고 있으며 자녀를 신뢰하고 수용함으로써 관계성에 대한 욕구를 만족시켜 주었다. 마이클의 경우 어릴 적에는 부모님의 통제 하에 자라났지만 대학에 가면서 집을 떠나 혼자 살았기 때문에 어떤 일을 할 때 자율적으로 의사 결정을 할 수 있었다. 반면에 C의 부모님은 어릴 때부터 완전히 자율성 지지적인 양육 태도로 자녀를 키웠기 때문에 C는 자율적인 삶을 살았다.

마이클은 어릴 때부터 동양인이라는 이유로 인종차별을 경험하면서 살았다. 그의 부모님은 자식들에게 공부를 잘하고 모든 면에서 우수하면 아무도 차별하지 못할 것이라는 것을 강조하셨기 때문에 마이클은 공부 뿐만 아니라 음악과 운동 같은 특별활동에서도 특출하게 되려고 많은 노력을 했다. 그 결과 마이클은 동네의 수재로 인정받게 되어서 뉴욕주 소도시의 작은 고등학교에서 세계적으로 이름있는 스탠포드대학에 입학하고, 의예과 과정에도 들어가게 된 만큼, 자신의 능력에 대한 효능감과 자존감은 높을 것이다. 다만, 뮤지컬 배우로 진로를 바꾸고 계속적으로 오디션에서 떨어지면서 효능감과 자존감의 저하를 경험했을 것이나, 그 역시 높은 실패내성으로 끈기를 가지고 노력해서 이후의 삶에서 회복했음을 확인할 수 있다.

C의 경우 어린 시절 운동을 할 때의 자신감과 효능감은 지명탈락을 계기로 낮아졌고 반복적인 실패 경험으로 자존감도 낮았을 것이다. 그러나 이렇게 저하된 효능감과 자존감은 이후 사법시험에 우수한 성적으로 합격하고, 현재 속해 있는 집단에서도 능력을 인정받고 있어서 회복되었을 것이며 따라서 그의 유능성에 대한 욕구는 만족되고 있을 것이다.

결국 이 두 사람은 자기결정성 이론에서 주장하는 것처럼 세 가지 기본 심리 욕구가 충족되면서 자연스럽게 내재동기가 생기고 만족스러운 성과를 낼 수 있었을 것이다. 또한 내재적으로 동기화되어 일하고 공부했기 때문에 그 과정에서 발생하는 영향을 적게 받는 높은 실패내성을 가진 사람이 된 것이라는 추정이 가능하다.

낙천적 성격과 실패내성

    마이클 리와 C 모두 밝고 낙천적인 성격을 가진 따뜻한 사람들이었다. 두 사람 모두 낙천적인 성격 때문에 실패에 대한 내성이 높은 것인지 아니면 실패에 대한 내성이 높아지면서 낙천적인 성격을 갖게 된 것인지 인과관계를 현 상태에서는 알 수 없다. 그러나 두 가지 특성이 깊은 관계가 있는 것은 분명하므로 실패내성을 높일 수 있다면 낙천적이고 따뜻한 성격을 갖게 될 수 있음을 기대할 수 있지 않을까? 두 사람은 앞으로도 실패를 두려워하지 않을 것이다. 그리고 적극적으로 자신들이 하고 싶은 일을 하면서 행복한 삶을 영위해나갈 것이라고 확신한다.

제6장
실패내성 증진시키기

실패 경험을 건설적으로 다루는 가치관과 전략 가르치기

건설적 실패 이론을 제안한 클리포드 교수는 사람들이 자신의 잠재적인 능력을 표현할 수 있도록 실패를 기피하기 보다는 실패 경험을 건설적으로 다루는 가치관과 전략들을 가르치는 것이 필요하다고 주장하였다. 실패 후에 오는 부정적 감정을 다루는 대처 기술의 발달과 실패 경험 후에 미래를 위한 계획을 세울 수 있는 능력이 본질적으로 실패내성의 핵심이다.

실패내성은 개인의 진정한 잠재력을 최대한 활용하는데 핵심적 역할을 할 뿐만 아니라 목표에 도달하고 성공을 이루기 위해 확보해야 하는 가장 중요한 성격특성 중 하나이다. 그렇다면 실패내성을 증진시키기 위해서 우리가 할 수 있는 것이 무엇일까? 이번 장에서는 건설적 실패 이론과 많은 관련 동기이론들에 기초해서, 자녀를 기르는 가정에서, 학생들을 교육하는 현장에서, 그리고 각자의 삶의 현장에서 실패내성을 증진시키기 위해 적용해 볼 수 있는 방법들을 제안한다.

#1 실패를 두려워하지 않게 하라!

"실수에 관대하고 실수 수정을 지원하는 환경 보장해야"

실패내성은 실패를 전제로 한다. 즉 실패내성을 키우기 위해서는 우선 실패를 경험해야 할 것이다. 실패를 경험하려면 성공이 보장되는 쉬운 과제보다는 어려운 과제를 선택하는 것이 필요하다. 이 말은 성공할 수 있는 상황에서 일부러 실패할 과제를 선택하라는 뜻이 아니라 실패 결과를 두려워하고 기피하지 말라는 것이다.

성공 경험은 개인에게 자신감을 심어주어 자기효능감을 높여주며 자존감의 향상을 가져오기 때문에 가치 있는 일이다. 어떤 사람들에게 때로는 자존감을 보호하는 것이 성취하는 것 자체보다 더 중요할 수도 있다. 그러므로 이런 사람들에게 실패 가능성이 있는 과제는 당연히 기피 대상이 된다. 또한 이런 사람들은 자신의 무능함을 나타내는 실패를 기피하기 위해서 일부러 게으름을 부리거나 지연 행동을 하는 등 자기 구실 만들기 전략을 사용하기도 한다. 심지어는 거짓말이나 부정행위를 하기도 한다.

반면에 실패를 두려워하지 않는 사람들은 실패가 예측되는 위험을 무릅쓰고 어려운 일에 도전하는 위험감수(risk-taking) 경향이 높다. 위험감수 경향이 높은 사람은 성공 확률이 높아서 결과가 뻔한 과제에는 흥미를 느끼지 못하고 성공 확률이 불분명한 과제에 도전하면서 짜릿함을 느낀다. 적정 수준의 위험감수 경향은 수행 수준, 끈기, 유능감, 자부심과 만족감을 증진시킨다.[64] 클리포드 교수는 학업 상황에서 위험감수 경향성을 높이는 활동은 내재동기를 높여서 성공적인 결과를 가져올 가능성을 증가시키는 강력한 도구라고 주장했다.

학생들이 학업 상황에서 위험을 감수하게 하려면 몇 가지 조건이 필요하다.

첫째, 학생들은 난이도와 성공 확률이 다양한 과제와 활동들을 자유롭게 선택할 수 있어야 한다.

둘째, 과제 난이도가 증가할수록 성공에 대한 이득도 증가해야 한다.

셋째, 실수하는 것에 관대하고 실수를 수정하는 것을 지원하는 환경이 보장되어야 한다. 다시 말해서 실수가 전혀 없는 완벽한 수행을 칭찬하고 높이 평가하는 분위기를 지양하고, 적정 수준의 위험을 감수하는 과제를 선택하는 것을 권장하고 강화해 주어야 한다.

미국 대학 교과목에 오른 실패

몇 년 전에 실패내성 증진을 목표로 하는 교육 현장의 실례를 접하게 되었다. 일간지 뉴욕타임즈에 실린 "대학에서 실패가 교수요목에 올라가다(On Campus, Failure is on the Syllabus)"라는 기사(2017. 7. 2)를 보면, 미국의 유명 대학들에서 실패 경험의 필요성과 중요성을 강조하는 분위기가 조성되고 실제로 대학에서 실패 프로젝트를 만들어서 진행하고 있다. 이 대학들에는 실패라는 결과에 익숙하지 않은 전국에서 모여든 최우수 성적을 가진 학생들이 모여 있다. 그런데 이들이 대학에 들어와서 시험에 만점을 받지 못하고 A가 아닌 성적을 받는 경우, (다른 사람에게는 실패가 아닐 수도 있는) 실패와 좌절로 심각한 스트레스를 겪고 있어서 학생들에게 실패에 대한 생각을 바꿀 수 있도록 다양한 프로젝트를 진행하고 있다고 한다. 다시 말해서 실패란 모두가 경험하는 것이며 다음 단계를 위한 발판이 된다는 교훈을 깨닫게 하고 있다는 것이다.

다양한 프로그램 중에서 몇 가지를 소개하면, 미국 매사추세츠주의 명문 여대 스미스대학(Smith College)에서는 '잘 실패하기(*Failing Well*)'

프로그램을 진행하고 있다.⁶⁵ 이것은 학생들로 하여금 실패와 위험 부담, 실수를 논의하게 만들기 위한 프로그램의 일환이다. 여기서는 실패라는 단어에 찍힌 심한 오명을 벗기기 위해 실패에 대해서 가르치고 캠퍼스에서 자신의 실패 경험을 이야기할 수 있는 대화의 장을 열어 줌으로써 학생들의 회복탄력성을 증진시키는 것이 목적이었다. 이 프로그램을 시작하면서 학생들은 '실패 증명서(Certificate of Failure)'를 받는다. 실패 증명서는 무슨 일에서든지 실패해도 괜찮다고 말해주는 증서로서 인간관계, 공부, 과외활동 등 모든 생활 속에서 아무리 많은 실패를 해도 당신이 소중하고 훌륭한 사람이라는 사실은 변하지 않는다고 말해 준다. 이 프로그램에는 몇 가지 강좌와 워크숍, 특강이 제공되고 학생들이 자신의 '실패 이력서(Failure Resume)'를 쓰게 하고 실패담을 공개적으로 이야기하는 장을 마련해 주어서 실패에 대한 생각을 바꾸게 만든다. 결국 이 프로그램의 목적은 성공 경험만 해온 학업 우수 학생들을 실패내성이 높은 정신적으로 강인한 사람으로 기르는 것이다.

수년간 이 프로그램을 진행하고 있는 스미스대학 담당자는 항상 만점에 가까운 점수만 받고 다양한 성공 경험과 활동만 해온 우수 학생들이 사소한 실패도 대처하지 못하고 주저앉아 버리는 경우가 늘고 있다고 하면서, 부모와 학교가 큰 실패가 아니라 사소한 실패도 못 견디는 나약한 학생들을 만들었다고 말한다.

이와 비슷한 프로그램으로 하버드대학에서는 실수와 실패한 이야기들을 크게 다루는 '성공-실패 프로젝트(Success-Failure Project)'를 운용하고 있다.[66] 이 프로젝트는 학생과 교수들의 성공과 실패담을 이야기하고 되짚어 보면서 회복탄력성을 기르기 위한 목적에서 시작한 것이다. 특히 '진짜 성공적으로 실패하는 방법(How to have a really successful failure)'[67]이라는 책자를 발행하여 실패의 바람직한 기능에 대해 설명하고 성공적인 실패를 할 수 있는 비결을 제시해 준다. 이 비결의 핵심은 실패 결과를 인정하라는 것이다. 그리고 실패한 것을 기분 나빠하고 수치심이나 후회와 같은 부정적 감정을 갖는 것은 당연한 일이며 이러한 부정적 감정에 대처하고 극복해 나가는 것이 중요함을 강조한다. 이것은 실패내성의 하위 요인인 감정 요인과 행동 요인과 일치하는 내용임을 확인할 수 있다.

지난 수년간 노스캐롤라이나대학교 데이비슨대학(Davidson College)에서는 창의적인 시도를 하는 학생들에게 '실패 펀드(Failure Fund)'라고 불리는 장학금을 지급해서 학생들이 실패와 실수로부터 배우기를 권장했다.[68] 지금은 'Try It Fund'[69]로 이름을 바꿔서 운영하고 있는 이 프로젝트는 신청하는 학생들에게 150달러부터 1,000달러 사이의 자금을 지원해 주는데 그 목적은 학생들이 실패에 익숙하고 편해지게 만듦으로써 혁신적이고 창의적인 기업가의 특성을 본받을 수 있는 능력을 길러주기 위함이다. 따라서 이 펀드를 신청하는 학생들은 이제까지 해보지 않았던 창의적인 아이디어를 가지고 프로젝트를 하면서 실수와 실패를 경험해야 한다. 실패를 잘 다루는 기술을 가르치는 것이 대학의 중요한 임무라는 철학에 기초한 프로젝트라고 하겠다.

#2 실패 원인에 대한 생각을 바꾸게 하라!

"능력 부족만 탓하지 말라!"

귀인이론을 설명하면서 실패의 원인을 무엇에서 찾는가에 따라 학습된 무기력증을 얻게 되느냐 아니면 끈기를 가지고 더욱 적극적으로 노력하게 되느냐가 결정된다고 했다. 개인의 귀인 성향은 똑같은 결과에 대해서도 상황에 따라 다른 원인을 찾는, 즉 그 상황에서만 나타나는 특수한 속성(situation-specific, 상황-특수적 속성)일 수도 있고, 대부분의 수행 상황에서 일관성 있게 나타나는 일반적 특성일 수도 있다. 그런데 상황-특수적 속성도 반복되면 일반적 속성이 되어버릴 수 있다. 따라서 바람직하지 못한 방향으로의 귀인은 재훈련을 통해 변경시킬 필요가 있다.

실패 후 무기력에 잘 빠지게 하는 귀인 성향을 가진 아동들의 생각을 바꾸어 주는 귀인 재훈련 연구들이 있다. 귀인 재훈련 프로그램은 드웩 교수의 연구에서 도입한 것으로 능력 부족 때문에 실패했다고 생각하는 학생에게 열심히 노력하지 않아서 실패한 것이라고 생각하도록 실패 원인에 대한 생각을 바꾸게 해주는 프로그램이다.[70] 능력 부족으로 인해 실패했다고 생각하는 아동들을 노력 부족으로 원인을 돌리도록 훈련하거나, 성공한 이유가 노력과 능력 둘 다 때문이라고 생각하게 했을 때 무기력에 덜 빠지고 성취 수준도 높았다.[71]

그런데 노력 부족으로 원인을 돌리는 것이 항상 바람직한 것만은 아니다. 예를 들어 어떤 학생이 자기는 온 힘을 다 쏟아 열심히 노력했는데 실패했다면 이런 경우 노력 부족은 자신의 능력이 정말 부족한 것임을 드러내는 것이기 때문에 능력 부족으로 탓을 돌리는 것보다 더 파괴적인 결과를 초래할 수도 있다. 이런 이유 때문에 클리포드 교수와 같은 일부 학자들은 노력 부족 보다 좀 더 나은 귀인 방식은, 효과적이지 못한 공부 방법을 사용했기 때문에 실패했다고 생각하도록 하는 '잘못된 전략' 귀인 훈련을 제안하기도 한다. 잘못된 전략 때문에 실패했다고 생각하면 여러 가지 방법으로 바꿔 가면서 공부해볼 수 있고 그런 중에 성공 경험을 할 기회가 생겨서 무기력에 빠질 가능성을 낮춰주기 때문이다.[72]

이처럼 잘못된 전략 귀인이 보다 효과적이고 바람직한 귀인 방식임을 보여준 연구가 보고되기도 하였다.[73] 아이오와대학에서 나와 같이 공부하던 테리 맥냅(Terry McNabb)은 클리포드 교수의 전략 귀인의 효과에 대한 연구 과제에 참여하면서 초등학생들을 대상으로 전략 귀인 프로그램 효과를 실험을 통해 확인하였다. 테리의 박사 학위 논문이 된 이 연구에서는 실패의 원인이 잘못된 공부 방법 때문이니까 다른 좋은 방법을 사용해 보라는 교사의 권고를 받은 학생들이 노력을 더 많이 하라는 권고를 받은 학생들에 비해 과제에 더욱 몰입했고, 더욱 즐겼으며, 끈기를 보였고, 미래의 성공에 대한 기대도 높은 것을 확인했다.

#3 성장 마인드셋을 갖게 하라!

"성공 결과 보다는 노력한 과정을 칭찬하라!"

드웩 교수는 개인이 가지고 있는 지능에 대한 견해가 삶의 모든 측면에 영향을 미치는데, 성장 마인드셋이 고정 마인드셋보다 더 바람직하다는 것을 많은 연구를 통해서 보여주고 있다. 그리고 이러한 마인드셋은 교육이나 훈련에 의해서 변할 수 있기 때문에 다양한 교육 프로그램과 아이디어들이 제시되고 있다.

칭찬 방법

드웩 교수는 아이들에게 능력이 높다는 것을 암시하는 칭찬은 고정 마인드셋을 갖게 하고, 노력을 많이 했다고 칭찬하는 것은 성장 마인드셋을 발달시킨다고 주장한다.[74] 그러므로 부모나 교사는 아동들의 성공이나 성취에 대한 칭찬을 할 때 능력을 암시하는 것이 아니라 노력이나 적절한 전략 사용을 암시하는 칭찬을 해야 한다. 예를 들어, 자녀가 시험에서 만점을 받았을 때, "잘했어! 그럼 그렇지! 누구 딸인데 당연하지!"와 같은 능력을 암시하는 칭찬이 아니라 "와! 요즈음 새로운 공부방법으로 열심히 하더니 만점이 나왔네!"와 같이 노력을 칭찬하면 다음번에는 좀 더 도전적인 방법을 찾아서 시도해 보려는 동기가 생기고, 더 많은 것을 배우려고 하고, 끈기를 가지고 적극적으로 참여할 것이다.[75]

또한 성공 결과에 대한 칭찬보다는 과정, 즉 열심히 노력한 것에 대한 칭찬을 한다. 과정을 칭찬하는 것은 계속 성공하기 위해 필요한 일이 무엇인가를 알려주는 것이다. 또한 성취 결과를 평가할 때는 다른 사람과의 상대적인 비교가 아닌 향상된 정도를 가지고 평가하고 칭찬해야 성장 마인드셋이 발달된다.

경쟁이 아닌 협력하는 상황

공부나 과제를 할 때 경쟁적인 상황을 만들지 말고 협력적인 상황을 만든다. 학생들은 집단 속에서 공부할 때 더 동기화가 되고 최선을 다함으로써 성공 가능성이 높아진다. 이렇게 성공을 하게 되면 자신이 속한 집단에 책임감도 느끼고 노력과 성공의 선순환을 경험하게 되므로 성장 마인드셋을 발달시키게 할 수 있다.

앞에서 어떤 마인드셋을 가지고 있느냐에 따라 목표 지향성이 달라진다고 했다. 즉 성장 마인드셋을 가진 학생들은 숙달 목표 지향성이 높고 고정 마인드셋을 가진 학생들은 수행 목표 지향성이 높은 경향이 있다고 했다. 그러므로 목표를 세울 때 다른 사람과의 비교나 경쟁에서 이기거나, 혹은 다른 사람들의 인정을 받기 위해서보다는 새로운 것을 배우고 지식을 쌓아 나가는 것에 초점을 맞추는 환경을 만들어 주어야 성장 마인드셋을 기르는데 도움이 될 것이다.

뇌에 대한 교육

성장 마인드셋을 갖게 하기 위해서는 인간의 뇌가 고정된 것이 아니라 변하고 성장한다는 믿음을 주어야 한다. 다시 말해 뇌의 가소성 내지는 유연성에 대해 가르치라는 것이다. 뇌가 성장이 가능하다는 것을 알고 나면 실패가 영구적이 아님을 알게 되기 때문에 동기 유발이 잘될 것이라고 한다. 우리가 운동을 통해 몸의 근육을 키우는 것처럼 뇌도 훈련을 통해 근육을 키울 수 있다는 것을 가르침으로써 성장 마인드셋을 갖게 할 수 있다.

드웩 교수는 인터넷 강의인 'TED talk'에서, 뇌의 활동 부위를 보여주는 사진(fMRI, functional MRI)을 아동들에게 보여준 연구에 대해 이야기했다.[76] 이 연구를 보면 고정 마인드셋을 가진 아동의 뇌 사진에서는 어려운 과제에서 활성화되지 않았다. 그러나 성장 마인드셋을 가진 아동의 뇌 사진에서는 어려운 과제를 만나면 그것을 해결하기 위해 열심히 노력하기 때문에 활성화가 되었다. 드웩 교수는 아동들에게 이러한 사진들을 보여줌으로써 머리가 좋아질 수 있다는 것을 가르쳐서 성장 마인드셋을 갖게 할 수 있다는 것을 보여주었다.[77]

앞에서 살펴본 것처럼 드웩 교수를 중심으로 한 스탠포드대학을 비롯해서 많은 교육 연구자들과 연구 기관들이 성장 마인드셋을 기르기 위한 방법들을 제시하고 있다. 이들 다양한 프로그램들의 핵심을 요약 정리하면 다음과 같다.

- 실패를 회피하지 않게 하고 도전을 기회로 삼게 한다.
- 천재는 재능만으로 되지 않고 열심히 노력해야 한다는 것을 강조한다.
- 뇌는 고정된 것이 아니고 변화 가능하다는 것을 알려준다.
- 다양한 학습 전략을 가르친다.
- 수행 목표가 아닌 숙달 목표 지향성을 기르게 한다.
- 결과보다는 과정에 가치를 두게 한다.
- 칭찬하는 방법을 신중히 선택해야 한다.
- 비판을 긍정적으로 받아들이게 한다.

- 그릿(grit)을 키우게 한다.

성장 마인드셋 발달에 도움이 되는 방법들은 실패내성과 관련된 내용과 유사한 점이 많다. 실패내성을 키우기 위한 방법의 하나가 성장 마인드셋을 갖게 하는 것이기 때문에 어찌 보면 당연하다고 하겠다.

성장 마인드셋을 발달시키는 구체적인 방법

드웩 교수는 한 가지 재미있는 현상을 이야기하는데 그것은 부모가 성장 마인드셋을 가지고 있다고 해서 자녀도 꼭 그렇지는 않다는 것이다.[78] 즉 마인드셋은 성인으로부터 아동에게 전수되지 않는다는 것이다. 그러므로 자녀의 성장 마인드셋을 발달시키려고 한다면 구체적인 방법을 사용할 필요가 있다.

- 아동이 어떤 일의 성공이나 실패 결과에 대해 이야기할 때, 자신을 '똑똑하다'거나 '바보'라는 표현을 쓰지 못하게 하고 그 대신 "내가 잘 하고 있는 것같아"거나 "내가 뭔가를 놓치고 있다"고 말하게 한다.
- 과제가 "너무 어렵다"는 말 대신 이것을 풀려면 "시간과 노력이 좀 많이 들겠다"고 말하게 한다.

- "못 하겠다" 또는 "포기하겠다"는 말 대신 "다른 전략이나 방법을 사용해봐야겠다"고 말하게 한다.
- "실패했다"는 말 대신 "실수는 나를 더 나은 사람으로 만든다"고 말하게 한다.
- "이 정도면 됐어" 보다는 "이것이 정말 나의 최선인가?"를 질문하게 한다.

또 한 가지 흥미로운 것은 성장 마인드셋을 기르는 방법 중 하나로 드웩 교수는 그릿을 포함시키고 있다. 그릿은 펜실베이니아대학교 심리학과의 앤젤라 더크워스(Angela Duckworth) 교수가 제안한 개념이다. 그릿은 성공한 사람들에게서 나타나는 열정과 결합된 끈기를 의미하는 말로 '투지' 혹은 '불굴의 의지' 등으로 번역된다.[79] 더크워스 교수는 좌절을 딛고 일어나서 도전하게 하는 그릿은 성공을 잘 예측하는 요인으로 많은 영역에서 두각을 나타내는 사람들이 갖고 있는 성격적인 특성이라고 주장한다. 그런데 더크워스 교수가 제안한 그릿을 발달시키는 중요한 방법 중 하나가 성장 마인드셋을 갖게 하는 것이다. 어떻게 보면 실패내성은 그릿을 포괄하는 개념이라고 할 수 있을 것이다. 그릿을 가지려면 건설적으로 실패를 활용하는 실패내성이 있어야 한다.

#4. 내재동기를 증진시켜라!

"공부 자체를 즐거워하면
실패하더라도 좌절하지 않는다"

다양한 내재동기 이론가들이 한 목소리로 주장하는 것은 무슨 일이든지 일 자체에 대한 흥미와 일하는 즐거움 때문에 그 일을 시작하고 계속하는 것이 중요하다는 것이다. 이렇게 내재적으로 동기화 되어 공부나 일을 하면 하는 동안에도 즐거움과 만족감을 느낄 뿐만 아니라 웬만한 실패에는 좌절하지 않고 실패 결과로부터 많은 것을 배울 수 있다.

기본 심리 욕구 만족

앞에서 자기결정성 이론을 설명할 때 세 가지 기본 심리 욕구가 만족되면 내재동기는 자연스럽게 생긴다고 했다. 이 이론에 따라 내재동기를 증진시키기 위해서는 유능성에 대한 욕구, 자율성에 대한 욕구, 관계성에 대한 욕구를 만족시킬 수 있으면 된다.

유능성에 대한 욕구만족은 다양한 성공 경험을 하게 함으로써 가능하지만 과제의 선정이 중요하다. 새로운 과제를 선택하고 적정 수준의 난이도를 가진 과제를 선정하여 도전과 자신의 기술 수준 간의 균형을 이루도록 하여 플로우 상태에 빠져들어갈 수 있어야 한다. 너무 쉬운 과제에서의 성공은 별 의미가 없고, 너무 어려운 과제는 숙달로 이끌지 못한다. 또한 실패가 반복되면 학습된 무기력이나 무동기 상태에 빠지게 만들기 때문에 유능성에 대한 욕구 만족이 어려워진다.

칙센트미하이 교수가 주장한 플로우 상태는 행위에 완전히 몰입해서 계속 흘러가는 상태를 말하는 것으로 이런 상태에서의 행동이 바로 전형적인 내재동기에 의한 행동이다. 그러므로 플로우 상태에 들어가게 하기 위한 조건들을 갖추면 내재동기가 생기게 된다. 플로우 상태로 들어가는 가장 중요한 조건은 해야 하는 과제의 수준과 자신의 능력 수준 간의 균형을 이루는 것이므로 적절한 수준의 과제 선택이 중요하다.

한편 자율성에 대한 욕구를 만족시켜도 내재동기가 유발된다. 학생들은 교사나 부모의 교육 태도나 양육 태도에 따라 자율성을 경험하는 정도가 달라진다. 교사가 학생들의 수행을 끊임없이 평가하고 학생들끼리 비교함으로써 심리적 압박을 가하고, 학생들의 행동을 직접 통제하면 자율성에 대한 욕구가 만족되지 못한다. 부모도 마찬가지로 아이에게 모든 것을 이래라 저래라 부모의 뜻대로 움직여 주기를 바라면서 잔소리를 하면 자율성에 대한 욕구는 만족되지 못할 것이다.

그러므로 자율성에 대한 욕구 만족을 위해서는 가능한 한 많은 일을 아이 스스로 판단해서 결정할 수 있도록 자유롭고 융통성 있는 분위기를 조성하고, 선택할 수 있는 환경을 만들어줘야 한다. 물론 집단적으로 학업을 진행하는 교실에서 자유로운 분위기를 조성하고 선택을 가능하게 하려면 많은 제약이 따른다. 중요한 것은 학생들이 느끼는 분위기이다. 다시 말해서 학생들이 우리 선생님은 우리 의견을 존중해 주고 가능한 경우 받아줄 용의가 있다는 것을 인식하게 하는 것이 중요하다는 뜻이다. 가정에서도 특별히 문제가 없다면 가능한 한 아이들의 의견을 존중하고 원하는 것을 할 수 있게 해주는 것이 필요하다. 또한 해야 할 일이 여러 가지가 있는 경우 아이가 적어도 일의 순서를 결정하는 정도의 자율성은 가지고 있게 해줘야 자율성에 대한 욕구를 만족시킬 수 있다.

최근에 우리나라 초등학생들로부터 수집한 자료를 분석한 결과에서도 자율적으로 선택한 행동에 대한 동기(자율동기)가 높고 타율적으로 주어진 행동에 대한 동기(타율동기, 통제동기)가 낮은 학생들이 심리적 안녕감이 높은 것으로 나타났다.[80] 대학생을 대상으로 한 또 다른 연구에서는 자율성 지지적인 방식으로 학생들이 선호하는 방식을 택해서 수업을 하

는 경우에 자율성에 대한 욕구 만족이 증가되고 학업 참여도와 학습 수준도 높은 것으로 나타났다.[81]

마지막으로 관계성에 대한 욕구는 부모 형제 가족들 그리고 친구들과 친밀한 관계를 맺고 있고 사랑받고 있다고 느끼면 만족하게 되고, 또한 자신이 소속된 집단에 소속감을 느낌으로써 만족하게 된다. 그러므로 부모는 자녀에게 애정과 관심을 충분히 표현해서 아이로 하여금 항상 사랑받고 있음을 느끼며 살 수 있게 해주어야 한다. 그러나 지나친 관심과 애정 표현은 자칫하면 잔소리와 간섭으로 변질될 수 있다는 것도 명심해야 한다.

앞에서 인터뷰한 C의 경우, 그의 부모님은 무조건적으로 C를 응원해주었다. 그의 부모님은 항상 C의 편이 되어 심리적 지원을 해주었다. 무엇보다 C가 하는 일에 간섭하고 잔소리를 하기 보다는 그의 결정을 믿고 적극 지지해준 것이다. 이러한 부모와의 관계에서 그는 관계성에 대한 욕구 만족과 자율성에 대한 욕구 만족으로 자신이 하는 일에 높은 내재동기가 생길 수 있었던 것이다.

학교 교육 현장에서는 교사가 학생들의 흥미와 복지에 관심을 보여야 한다. 그리고 학생들로 하여금 선생님이 진심으로 자신들에게 관심과 애정이 있다는 것을 느끼게 해주어야 한다. 선생님이 진정으로 자신들을 존중해준다고 느끼면 자기가치감이 높아지고 관계성에 대한 욕구가 만족되어 유능감과 자율감도 함께 높아진다. 또한 수업을 할 때는 협동 학습을 통해 자신의 가치를 확인할 수 있고 또래들과 함께 과제 수행을 함으로써 관계성에 대한 욕구가 만족될 수 있다.

부모의 양육 태도

　많은 부모들이 학과목 공부나 미술, 음악, 수영 등을 하기 싫어하고 열심히 하지 않은 어린 자녀들을 강제로 시키면서 하는 말이 있다. "지금은 네가 어려서 모르겠지만, 이걸 배워 두면 나중에 다 너에게 큰 자산이 될 것이야. 다 너를 위해서 그러는 거니까 지금은 엄마 말 듣고 하기 싫어도 참아. 나중에 엄마한테 고맙다고 할 때가 올 테니까." 실제로 유명한 음악인 중에는 어릴 때 하기 싫고 힘들어서 포기하고 싶었지만 어머니의 채찍질 덕분에 계속할 수 있었고 지금은 그때 어머니의 사랑의 채찍질에 감사한다고 고백하는 사람들이 있다.

　이 말은 유명한 사람이 되어서 과거를 돌이켜 보았을 때 할 수 있는 말이다. 이제까지 내 주변을 관찰한 결과 실제로 이런 경우는 그다지 흔하지 않은 것 같다. 이처럼 아이가 싫어하는 일을 부모가 강제로 시키려고 할 때 대부분은 아이와 부모 간의 관계만 악화되고 결국 아이는 그 일에서 더욱 멀어지고 다시는 그 일을 하고 싶어 하지 않게 되는 경우를 더 많이 본다.

반대로, 부모는 하지 말라고 하는데 아이가 좋아서 선택하는 경우 시련과 역경에 부딪혀도 끈질기게 밀고 나가서 결국 성공한 사례를 더 많이 볼 수 있다. 스스로 선택한 일에 대해서는 그 일에 대한 흥미와 열정에 더해 책임감 때문에 쉽게 포기하지 않기 때문이다.

그러면 부모는 자녀의 자율성에 대한 욕구를 만족시키기 위해 자녀가 원하는 것은 무조건 허용해야 하는가라는 질문이 생긴다. 이 질문에 대한 답을 자기결정성 이론에서 찾을 수 있다. 이 이론에 따르면 자율성 지지는 자녀의 시각과 관점을 받아들이고 가능한 한 자녀에게 선택의 기회를 주고, 개인적인 가치나 흥미에 따라 행동할 수 있도록 도와주는 부모의 특성이다. 이것은 제멋대로 내버려 두는 자유방임적인(laissez-faire) 양육 태도와 다른 것이다. 자율성 지지적인 양육 행동은 자녀의 자율 동기, 높은 유능감과 자존감, 학교 적응, 행복감 등 바람직한 발달과 성취를 유도한다. 그런데 부모의 자율성 지지적 양육 행동은 자녀의 생활에 적극적인 관여(involvement)와 구조(structure) 제공이 함께 이루어져야 바람직한 결과를 가져온다.[82]

관여란 부모가 자녀의 생활에 관심을 가지고, 시간적 자원을 투자하고, 자녀에 대한 애정 표현과 따뜻한 정서를 나누는 것이다. 다시 말해서 부모가 자녀에게 쏟는 관심과 애정을 의미하는 것으로 자녀의 입장에서 보면 관계성에 대한 욕구를 충족시켜 줄 수 있는 부모의 태도와 행동을 의미한다.

구조는 원래 학업 상황에서 교사-학생 간의 관계 연구에서 도입된 개념이지만 부모-자녀 간의 관계에서도 적용해 양육 행동을 구체화하는데 활용되었다. 자녀 양육에서의 구조 제공은 자녀의 행동을 지도할 때 기대하는 것이 무엇인지 분명히 해주고, 그러한 행동이 바람직한 이유를 논리적으로 충분히 설명해주며, 이해하기 쉽고 명확하고 자세한 지시를 해주는 것을 포함한다. 구조 제공은 자녀를 무조건 통제하려는 목적에서 도입하는 권위주의적 양육 태도와는 다르다. 부모의 구조 제공은 자녀의 유능감, 통제감, 학업 참여와 관련이 있다.[83]

내재동기 증진 방법

내재동기를 증진시키는 방법은 자기결정성 이론의 세 가지 기본 심리 욕구를 충족시키는 것 외에도 귀인 재훈련이나 성장 마인드셋을 기르는 방법도 마찬가지로 효과적일 수 있다. 이제까지 동기 심리학자들이 다양한 이론적 체계 밑에서 연구하고 제안한 구체적인 내재동기 증진 방법들을 정리하면 다음 표와 같다.

자율성 증진	스스로 목표를 설정하거나 계획을 세울 수 있는 자유로운 분위기를 만들어 주고 결정한 내용은 끝까지 할 수 있게 한다.
	자유롭게 결정할 수 있는 상황이 아닌 경우는 적어도 해야 할 일의 내용이나 순서라도 스스로 결정할 수 있게 한다. (예: "숙제하고 씻을래? 씻고 숙제할래?")
	선택의 여지를 준다. (예: 과제 수행 방법이나 시간, 환경적 조건들을 원하는 대로 선택할 수 있게 한다.)
	내용이나 목표 설정할 때 참여할 기회를 준다. (예: "무슨 책을 읽을까? 같이 골라 보자.", "오늘은 무슨 공부를 먼저 할까? 같이 생각해 보자.")
	학교 교실에서도 학생들의 다양한 의견을 모은 다음 그 속에서 내용 선정이나 순서, 방법 등을 융통성 있게 운용하도록 한다.
유능감 증진	성공 경험을 할 기회를 만들어서 자신의 가능성에 대한 인식을 높인다. (예: "그거 봐. 너도 잘할 수 있잖아.")
	노력의 결과로 성공할 수 있다는 것을 깨닫게 한다. (예: "열심히 하니까 너도 잘할 수 있잖아.")
	너무 어렵거나 쉬운 과제보다 적정 수준의 과제를 선택하게 한다. (너무 어려운 과제는 참여 동기를 저해한다는 것을 명심한다.)
	즉각적이며 구체적인 정보가 있는 피드백을 제공한다. (무엇을 잘했는지, 무엇을 향상시켜야 하는지에 대한 정확한 감각을 제공하는 구체적 정보를 알려준다.)
	칭찬이나 보상은 통제적이 아닌 정보적인 것이어야 한다. (과제 수행 전에 주는 보상은 뇌물로, 과제 수행 후에 주는 보상이나 칭찬은 보너스의 기능을 한다.)
	위협적인 외적 평가를 사용하는 것을 피한다. (예: "이것도 못하면 바보지.")
	결과보다 참여 자체에 대한 보상을 해준다.
관계성 증진	부모는 자녀와의 애착 관계 향상을 위해 적극적으로 애정 표현을 한다.
	자녀의 흥미에 관심을 보인다. (자녀가 좋아하는 것이 무엇인지 질문과 관찰을 통해 알아둔다.)
	자녀가 공부하는 공간에 함께 하는 기회를 마련한다. ('우리집 독서 코너'와 같이 거실이나 공부방 한 구석에 책상을 두고 자녀가 공부나 숙제할 때 함께 독서나 글쓰기를 한다.)

관계성 증진	교사는 학생의 개인적인 정보를 수집하고 환경의 변화나 신변의 변화를 주시하고 관심을 표현해서 진심으로 사랑과 관심을 받고 있음을 느끼게 한다.
	교실 수업 시 협동 학습과 소집단 활동을 할 수 있는 기회를 많이 제공함으로써 학생들 간의 친밀한 관계 형성을 촉진시킨다.
	교실 한 구석에 '소집단 학습 코너' 등을 만들어서 학급 학생들 간의 친밀감과 소속감 증진에 활용한다.
숙달 목표 지향성 권장	경쟁적 상황을 피하고 지식 습득이나 기술 숙달을 강조하는 환경을 만든다.
	자녀가 학교에서 100점을 맞았다고 자랑하며 집으로 돌아왔을 때, "너 혼자만 100점 맞았어? 너네 반에 몇 명이나 100점 맞았어?"라는 반응은 자녀를 경쟁적이고 수행 목표 지향적인 아이가 되게 만든다.
	학생들을 비교하고 등수를 매기는 상대평가 대신 학습의 숙달 정도를 평가하는 절대평가 제도를 도입한다.
플로우 경험 기회 제공	개인의 능력 수준에 잘 맞는 과제 난이도를 선정하게 도와준다.
	놀이를 일로 만들지 않도록 주의한다. (예: 인터넷에서 궁금한 정보를 찾기 위해 몰두하고 있는 아이에게 이것도 찾아보고 저것도 찾아보라고 권하지 말아야 한다.)
외적 보상의 적절한 사용	전혀 경험해 보지 않은 새로운 과제를 시작하게 만들기 위해서는 외적 유인물이 필요하다.
	내재동기를 유지하고 증진시키기 위해서는 필요에 따라 칭찬이나 외적 보상을 추가할 수 있다.
구조 제공	무엇을 해야 하는지를 분명히 해준다.
	그 일을 왜 해야 하는지 논리적으로 이해가 될 수 있도록 설명해준다.
	결과적으로 기대하는 것이 무엇인지 구체적으로 알려준다.
	공부나 일을 할 때 좋은 방법이 무엇인지 알려준다.
	결과에 대해 구체적으로 피드백을 해준다. 무엇이 잘한 것이고 무엇이 잘못한 것인지를 자세히 알려준다.

#5 칭찬을 적절히 사용하라!

"효과적인 칭찬과 역효과 내는 칭찬 구분해야 한다"

"칭찬은 고래도 춤추게 한다."는 말은 너무 자주 들어서 이제는 전혀 새롭지 않은 식상한 말이지만 여전히 칭찬의 효과를 부정하는 사람은 없을 것이다. 칭찬은 누구에게나 기분 좋은 경험을 가져다준다. 그리고 적절하게 주어지는 칭찬은 개인의 자존감과 가치감을 증진시키는 긍정적인 효과가 있다. 그러나 칭찬이 효과적이라고 해서 모든 사람들에게 아무 때나 무조건 남발하는 것은 무의미하고 역효과를 가져올 수 있다. 적절하고 효과적인 칭찬 방법에 대해 살펴보기로 한다.[84]

칭찬 방법	이유 및 효과
• 칭찬할 때는 진심을 담아서 해야 한다.	진심이 담긴 칭찬이 효과가 있으며 관계성 증진에도 도움이 된다.
• 바람직한 행동에 대해서는 즉각적으로 칭찬한다.	시간이 흐른 후에 하는 칭찬은 왜 칭찬을 받았는지 이유가 분명치 않아 해당 행동을 강화하는 효과가 절감된다.
• 행동의 구체적인 내용을 칭찬한다.	막연하게 잘했다는 말은 무엇이 바람직한 행동인지를 알려주지 않으므로 행동 강화에 도움이 되지 못한다.
• 일관적인 기준을 가지고 칭찬한다.	같은 행동에 대해 어떤 때는 칭찬하고 어떤 때는 그냥 지나가는 것은 혼란을 초래한다.
• 행동 결과보다는 과정을 칭찬한다.	결과에 집중하면 숙달 목표 지향적이 되지 못하고 수행 목표 지향적이 된다.
• 성취 결과를 칭찬할 때는 능력이 아닌 노력에 초점을 맞춘다.	능력을 암시하는 칭찬은 고정 마인드셋을 발달시키고 노력을 암시하는 칭찬은 성장 마인드셋을 발달시킨다.
• 성취 결과를 칭찬할 때는 타인과의 비교가 아닌 향상과 변화를 칭찬한다.	다른 사람들과 비교해서 칭찬하는 것은 숙달 목표 지향적이 되지 못하고 수행 목표 지향적이 되게 한다. 향상이나 변화를 칭찬하는 것은 숙달 목표 지향적이 되게 한다.
• 성취결과에 대한 칭찬 여부는 과제의 난이도에 따라 결정한다.	칭찬을 받기 위해 쉬운 과제만 선택하게 만들 수 있기 때문에 적정 수준 이상의 과제에서의 성공을 선별적으로 칭찬한다. 쉽게 얻은 결과에 대한 칭찬은 피한다.
• 성취한 결과의 의미나 가치를 알려주는 칭찬을 한다.	성취한 결과가 의미하는 것이 무엇인지 중요성과 가치를 알려주어야 효과가 지속된다.
• 해야 할 일을 좋아해서 하는 경우에는 가급적 칭찬은 피한다.	이미 내재적 흥미가 있는 과제를 수행한 결과를 칭찬하면 내재동기가 감소할 수 있다.
• 대상의 발달 수준에 맞게 칭찬해야 한다.	유아들에게는 칭찬이 효과적이지만 청소년이나 성인에게는 같은 효과를 기대하기 어려울 수 있다.
• 과도하거나 잦은 칭찬은 피한다.	지나치게 잦거나 끊임없는 칭찬은 의존성을 길러서 칭찬이 없으면 불안감을 느끼게 한다.
• 꾸지람과 칭찬을 섞는 것을 피한다.	잘한 일에 대한 칭찬은 그것으로 끝내고, 잘못한 일에 대한 꾸지람을 할 때는 거기에 집중해야 한다. 둘을 섞으면 그 효과가 반감된다.

특히 교실 현장과 같은 집단 속에서 개인이 수행한 어떤 일을 칭찬할 때 과정이나 투여한 노력과 시간과 같은 것은 고려하지 않고 결과만 놓고 평가하고 칭찬하는 것은 다른 사람들과의 비교를 조장하여 경쟁심을 불러일으키게 된다. 경쟁심은 과제에 대한 내적 흥미를 낮추고 외적으로 동기화하기 때문에 바람직하지 않다. 또한 이미 일이나 과제에 대한 흥미나 내재동기가 있는 경우에는 칭찬을 해주는 것이 항상 바람직한 것이 아니라고 했다.

또한 칭찬은 칭찬으로 끝내는 것이 좋고, 외적 보상으로 이어지게 하지 말아야 한다. 예를 들어 착한 일을 한 것에 대해 칭찬한 다음 그 일에 대한 상으로 선물을 주면 칭찬의 효과를 반감시킬 뿐만 아니라 착한 일을 함으로써 느끼는 내적 만족감을 외적 보상이 절감시킬 수 있기 때문이다.

실패내성을 기르기 위해서는 실패를 경험해야 한다. 실패내성은 실패 상황에 대처하고 적응하는 능력을 발달시켜서 실패 경험의 건설적 효과를 얻을 수 있게 해준다. 그러나 지나치게 반복되는 실패는 학습된 무기력이나 우울증과 같은 부정적인 결과를 초래하고 자신감, 자존감, 자기가치감 등을 저해할 수 있기 때문에 적절한 칭찬을 통해 부정적 효과를 최소화 할 수 있을 것이다.

에필로그

책을 마무리 하려다 보니 실패 예찬론만 편 것 같다. 그렇다고 성공 경험이 중요하지 않다거나 불필요하다는 주장을 하려는 것은 절대 아니다. 성공 경험은 개인의 자존감을 유지시켜주고 자기효능감을 높여서 어떠한 성취 상황에서도 긍정적인 기능을 한다. 따라서 살면서 성공 경험은 많이 할수록 좋은 일이다. 그러나 대다수 사람들은 일상생활에서 성공 경험 보다는 반복적인 실패와 좌절을 더 많이 겪으면서 살아간다. 특히 무한 경쟁의 현대사회에서 실패를 경험하지 않고 산다는 것은 거의 불가능한 일이다.

학생들은 능력 수준이 각기 다른 학생들과 함께 학교에 다니면서 새로운 것을 배우고 새로운 기술을 익히면서 자연스럽게 경쟁 상황에서 생활한다. 특히, 우리나라 교육 현장과 같이 높은 경쟁 구도 속에서 실패 경험은 필연적인 것이다. 다시 말해서 다른 사람과 나의 결과를 비교하고 순위를 매기는 상황에서는 성공이라는 결과를 가져가는 사람은 일부에 지나지 않는다. 이러한 상황에서는 다른 사람을 넘어서야만 성공이라고 할 수 있기 때문에 개인의 성공과 실패의 원인을 높은 능력이나 낮은 능력으로 연결시켜 생각할 수밖에 없다. 경쟁적인 상황에서 성공하면 자신이 다른 사람들보다 똑똑한 것으로 생각하고, 경쟁에서 지는 사람은 실패에 대해서 더욱 심하게 자책하게 된다. 이와 같이 성공이 능력에 귀착되는 상황에서는 노력의 가치가 절하될 수밖에 없다. 열심히 노력했는데도 실패했다면 정말 무능한 사람이기 때문이다. 그러므로 경쟁적인 상황에서는 학습에 대한 내재동기는 없어지고 다른 사람을 이기고자 하는 외재동기만 남게 되며, 대부분의 학생들은 실패가 예상되는 상황을 피하는 것으로 자신의 자존감과 자기가치감을 보호하려고 할 것이다.

　최근에, 그동안 팽배해 있던 성공 위주의 풍토에 변화가 생기는 것을 감지할 수 있다. 실패 경험의 가치에 대한 태도가 변화하고 있다는 것이다. 실패 경험에 대한 태도 변화의 일환으로 실패의 긍정적인 기능이 부각되고 이에 대한 관심이 높아지고 있다. 앞서 거론했던 뉴욕타임즈 기사에서 보았듯이 최근에 미국의 명문 대학들이 실패해도 괜찮다는 가치관을 가르치기 시작하고, 실패 경험을 권장하는 프로그램을 도입하고 있다는 보고가 나오고 있다. 이 대학들이 운용하고 있는 프로젝트들은 성공 경험만을 해온 우수한 학생들에게 실패를 경험하게 하고 이것을 극복할 수 있는 내성을 길러주기 위한 목적에서 시도하고 있다. 그래서 실패가 예상되는 상황에 처하게 될 때 그 잠정적인 재난을 건설적인 학습 경험으로 바꿀 수 있는 도구를 준비해 주자는 것이다. 그 당시 스미스대학의 학장이었던 도나 리스커는 뉴욕타임즈와의 인터뷰에서 다음과 같이 말했다.[85]

"오랫동안 우리는 야구 타석에 올라가면 언제든 스트라이크 아웃을 당할 수 있고, 학생회장 선거에서 당연히 떨어질 수도 있다는 사실을 누구나 다 어릴 때 저절로 배우는 것이라고 생각해 왔어요. 열여덟 살짜리가 실패를 어떻게 해야 할지 모른다는 것이 터무니없는 소리로 들리겠지만, 여러모로 우리가 이런 자연스러운 학습 경험을 아이들에게서 빼앗아 왔다는 생각이 듭니다."

나는 리스커 학장의 이 말에 전적으로 동의하면서, 이와 같은 이유로 많은 대학들에서 학생들로 하여금 실패를 경험할 수 있는 기회를 제공해 주고, 실패한다는 것이 무엇을 의미하는지 진솔하게 이야기할 수 있는 장을 마련해 주는 것이라는 생각을 하게 된다.

기업 경영 분야에서도 '실패는 발명의 선수 조건'이라는 것을 다시 한 번 확인하고 있다. 기업이 조직원들로 하여금 위험을 감수하도록 권장하고, 그에 따른 실패로부터 배울 용의가 없으면 창의적이고 획기적인 산출물을 내놓을 수 없고 획기적인 경영 방법을 발달시킬 수 없다는 사실에 주목하고 있다. 즉, 실패로부터 배워서 새로운 것을 만들어내야 한다는 소리가 커지고 있는 것이다.

근자에 한국에서도 '실패 박람회(Failure EXPO)'가 개최되었다. 2018년 9월 14일부터 사흘 동안 서울 광화문 광장에서 개최된 이 박람회는 미국 실리콘 밸리의 벤처사업가들이 모여서 실패담을 공유하는 'FailCon'이라는 컨퍼런스를 벤치마킹한 것으로 보인다. 이 대회의 목적은 실패 경험이 성장의 발판이 되는 사회 구현으로, 국민의 다양한 실패사례를 공유하고 공감하는 장을 마련하여 실패에 대한 인식 전환을 유도하는 것이었다.

대한민국 행정안전부와 중소벤처기업부가 주최하는 이 박람회의 비전과 목표는 '실패를 넘어 도전으로'로 실패의 경험을 사회적으로 자산화하고 재도전을 응원하는 장을 만들기 위한 것이었다고 한다. 이 박람회의 행사 중 하나는 혁신적 실패사례 공모전을 개최하는 것이었는데, 많은 공모자들 중에서 혁신적 실패사례가 선정되었고, 이 수상자들의 사례발표회를 포함해서 후속 컨퍼런스로 미국 'FailCon'의 운영자를 초청해서 강연을 듣기도 했다. 이외에도 '전남 콘텐츠코리아 랩'이 전남 지역의 여러 곳에서 개최한 '실패학 콘서트' 등, 2022년까지 지자체를 중심으로 후속적인 행사들이 실행되어 한국에서도 실패학에 대한 관심이 증가되고 있음을 보여준다. 실패를 연구하는 학자로서 그리고 학생들을 교육하는 교육자로서 실패 경험을 중시하고 권장하는 사회적 풍토가 더욱 확산되기를 기대해 본다.

이제 실패를 주제로 박사 학위를 받은 지 30년이 지난 이 시점에서 건설적 실패 이론을 만들고 현장 적용을 강조하시던 클리포드 교수님의 숙원 과제를 여기 한국에서 실현하기 위한 첫 걸음을 떼면서 30년 묵은 짐을 내려놓을 수 있겠다는 희망을 가져본다.

개정판 후기

　처음 집필을 시작할 때는 우리 사회에 만연된 실패를 기피하는 풍토를 바꾸는데 조금이라도 기여하려면 우선 많은 사람들이 관심을 가질 수 있어야 하고 쉽게 이해할 수 있는 책을 써야겠다고 생각했다. 그리고 작은 실패 경험에도 좌절하는 나약한 사람들이 실패내성을 기르는데 도움이 되고, 아이를 키우는 부모와 학교교육을 담당하는 교사들에게 실패내성의 중요성을 알려 주려면 누구나 쉽게 접할 수 있는 책을 써야 한다고 생각했다. 특히 심리학 이론과 연구가 비전공자와 일반 사람들이 읽고 이해하기 어렵기 때문에 전공자를 위한 책이 아니라 대중을 위한 심리학 책을 쓰겠다는 원대한 포부를 가지고 시작했다. 이를 위해 나름대로 여러 번의 검토와 수정을 통해 학술논문식 글쓰기에서 탈피하였기를 기대했었다. 그러나 이런 착각은 얼마 지나지 않아 완전히 깨지고 말았다. 그 이유는 초판을 구입한 독자들의 대부분이 심리학과 교육학 관련 전공자들이었다는 사실과 대학에서 부교재로 더 많이 찾는데 학생들이 여전히 어렵다고 노래를 부른다는 후배 교수들의 피드백 때문이었다.

평생 학술논문과 보고서 그리고 전공 관련 저술에만 집중해 온 사람이 갑자기 대중을 위한 글을 쓴다는 것 자체가 자신을 모르고 부린 만용이었던 것이다. 이러한 참담한 상황에서 한 가지 희망적인 소식은 '건설적 실패 이론'을 주제로 연구하는 인구가 상당히 많이 늘었다는 사실이다. 많은 학부생들의 졸업논문, 대학원 석·박사학위 논문, 그리고 교육과 심리학 전공분야의 경험적 연구논문들에서 건설적 실패 이론과 실패내성을 주제로 삼거나 혹은 관련변인으로 포함시켜 연구하고 있는 것을 관찰할 수 있었다. 연구결과들은 개인의 실패내성이 학업 상황뿐만 아니라 직무 상황에서도 성과에 대한 유용한 예측변인이고, 다른 예측변인과 성과 간의 관계를 매개하는 중요한 변인임을 반복적으로 확인해 주었다.

박사학위 과정을 마치고 한국에 돌아와 교직에 있으면서 다양한 동기 이론들에 관한 연구를 하면서도 막상 나의 박사학위 논문 주제였고 지도교수 클리포드 교수님이 남기고 가신 과제인 '건설적 실패 이론'을 발전시키고 현장에 적용하기 위한 노력은 별로 하지 못했다. 이런 상황에서 그나마 이 책이 한국 교육 현장에서 이 이론을 전파하는 매체 역할을 하고 있다는 사실이 감사할 따름이다.

책이 다 소진되어 다시 인쇄해야 한다는 초이스북 최 대표의 연락을 받았다. 사실 그동안 이 책의 내용을 한국에서 진행된 많은 경험적 연구 결과들을 보충해서 전면적으로 수정할 생각도 하고 있었다. 그렇게 되면 이제 정말 이 책은 일반대중이 아닌 전공자들로 독자층이 제한될 것임을 감수해야 하기 때문에 결정을 못하고 있었던 차에 감사하게도 최 대표의 제안이 나의 결정을 쉽게 만들어 주었다. 이 책의 집필을 시작할 때 목표는 실패의 건설적 기능과 실패내성의 중요성을 대중에게 알려서 한국의 실패 기피 풍토를 변화시키는데 조금이라도 기여하는 책을 쓰자는 것이었다. 이제 다시 초심으로 돌아가 전공자들뿐만 아니라 보다 많은 대중들이 쉽게 다가갈 수 있도록 초판에서 미비했던 부분을 보완하고 이해가 어려웠던 부분들을 수정하여 개정판을 내게 되었다.

2024년 6월

저자 김아영

실패내성 척도

1994년 나는 '한국형 실패에 대한 내성 척도 개발 예비연구'라는 논문에서 '학업적 실패내성 척도' 개발 과정을 관한 연구를 발표하였다.[86] 이 척도는 한국 학생들이 학업상황에서 보이는 실패내성을 측정하기 위해 만들었는데, 이후 지난 30여 년 간 국내 많은 연구에서 사용되어 왔다. 2002년에는 타당화 절차를 거쳐 표준화된 검사로 출간되었다.[87]

학업적 실패내성 척도는 감정, 행동, 과제 난이도 선호의 세 가지 하위 요인을 측정하기 위해 각각 6개씩 총 18개의 문항으로 구성된 설문지 형태의 척도이다. 각 문항에 대해 '전혀 아니다'부터 '매우 그렇다'까지 6가지 응답 선택항에 자신의 생각을 표시하면 각 하위 요인별 평균 척도 점수를 계산할 수 있고, 또한 전체 척도 점수도 계산할 수 있다.

학업적 실패내성 척도가 학생들을 위한 척도라면 성인용 실패내성 척도는 성인들이 일상생활이나 직무 상황에서 실패 후에 경험하는 생각과 감정을 측정하기 위한 것이다. 성인용 실패내성 척도도 학업적 실패내성 척도와 모든 면에서 동일하다. 다만 세 가지 하위요인을 구성하는 문항들의 개수가 4개씩으로 총 12개 문항으로 구성된 일종의 단축본으로 생각하면 된다.

다음에는 학생들을 위한 학업적 실패내성 척도와 성인용 실패내성 척도와 채점방법과 점수 해석을 위한 지침이 제시되어있다. 나의 실패내성은 얼마나 높은지 확인해 보자.

학업적 실패내성 척도

→ **지시사항** : 다음에는 여러분의 일상생활 중 학교공부와 관련된 상황에서 일어나는 일에 대해 스스로를 어떻게 생각하는 지에 대한 내용들이 제시되어 있습니다. 각 문장을 읽고 자신이 생각하거나 느끼는 바를 가장 잘 나타내는 응답 선택항의 번호에 표시하면 됩니다. 각 문장을 읽고 맨 처음 떠오르는 생각을 솔직하게 표시하면 됩니다.

1. 학교에서 실수를 하면 기분이 매우 나쁘다.

⑥	⑤	④	③	②	①
전혀 아니다	아니다	약간 아니다	약간 그렇다	그렇다	매우 그렇다

2. 낮은 점수를 받을 때마다 어디론가 숨고 싶어진다.

⑥	⑤	④	③	②	①
전혀 아니다	아니다	약간 아니다	약간 그렇다	그렇다	매우 그렇다

3. 학교 성적이 나빠지면 매우 슬퍼진다.

⑥	⑤	④	③	②	①
전혀 아니다	아니다	약간 아니다	약간 그렇다	그렇다	매우 그렇다

4. 선생님 질문에 틀린 답을 하면 매우 기분이 나빠진다.

⑥	⑤	④	③	②	①
전혀 아니다	아니다	약간 아니다	약간 그렇다	그렇다	매우 그렇다

5. 학교에서 실수를 많이 하면 매우 화가 난다.

⑥	⑤	④	③	②	①
전혀 아니다	아니다	약간 아니다	약간 그렇다	그렇다	매우 그렇다

6. 학교 공부를 할 때 틀릴까 봐 걱정을 많이 한다.

⑥	⑤	④	③	②	①
전혀 아니다	아니다	약간 아니다	약간 그렇다	그렇다	매우 그렇다

7. 학교에서 나쁜 성적을 받으면 틀린 것을 공부해서 다시 풀어 본다.

①	②	③	④	⑤	⑥
전혀 아니다	아니다	약간 아니다	약간 그렇다	그렇다	매우 그렇다

8. 꼭 해야 하는 것은 아니라도 학교 공부 중에서 틀린 것은 다음을 위해서 다시 공부해 맞춰 본다.

①	②	③	④	⑤	⑥
전혀 아니다	아니다	약간 아니다	약간 그렇다	그렇다	매우 그렇다

9. 학교 공부를 하다가 틀리면 계속해서 해보고 또 해본다.

①	②	③	④	⑤	⑥
전혀 아니다	아니다	약간 아니다	약간 그렇다	그렇다	매우 그렇다

10. 모르는 것이 있으면 선생님께 설명해 달라고 한다.

①	②	③	④	⑤	⑥
전혀 아니다	아니다	약간 아니다	약간 그렇다	그렇다	매우 그렇다

11. 낮은 점수를 받으면 마음을 잡고 열심히 공부하려고 결심하곤 한다.

①	②	③	④	⑤	⑥
전혀 아니다	아니다	약간 아니다	약간 그렇다	그렇다	매우 그렇다

12. 새로운 학교 과제를 하다가 성공하지 못하면 금방 포기해 버린다.

⑥	⑤	④	③	②	①
전혀 아니다	아니다	약간 아니다	약간 그렇다	그렇다	매우 그렇다

13. 학교 공부 중에서 어려운 것을 좋아한다.

①	②	③	④	⑤	⑥
전혀 아니다	아니다	약간 아니다	약간 그렇다	그렇다	매우 그렇다

14. 아주 쉬운 과목보다는 차라리 어려운 과목을 공부하는 것이 낫다.

①	②	③	④	⑤	⑥
전혀 아니다	아니다	약간 아니다	약간 그렇다	그렇다	매우 그렇다

15. 어렵거나 도전적인 문제를 풀려고 노력하는 것은 재미있는 일이다.

①	②	③	④	⑤	⑥
전혀 아니다	아니다	약간 아니다	약간 그렇다	그렇다	매우 그렇다

16. 생각을 많이 해야 하는 공부가 재미있다.

①	②	③	④	⑤	⑥
전혀 아니다	아니다	약간 아니다	약간 그렇다	그렇다	매우 그렇다

17. 좀 틀리더라도 어려운 숙제를 하는 것을 좋아한다.

①	②	③	④	⑤	⑥
전혀 아니다	아니다	약간 아니다	약간 그렇다	그렇다	매우 그렇다

18. 시간이 많이 걸리고 생각해야 하는 문제보다는 빨리 끝낼 수 있는 문제를 푸는 것이 낫다.

⑥	⑤	④	③	②	①
전혀 아니다	아니다	약간 아니다	약간 그렇다	그렇다	매우 그렇다

{ 성인용
실패내성
척 도 }

→ **지시사항** : 여러분의 일상생활 중 일이나 공부와 관련된 상황에서 일어나는 일에 대해 스스로를 어떻게 생각하는 지에 대한 내용들이 제시되어 있습니다. 각 문장을 읽고 자신이 생각하거나 느끼는 바를 가장 잘 나타내는 응답 선택항의 번호에 표시하면 됩니다. 각 문장을 읽고 맨 처음 떠오르는 생각을 솔직하게 표시하면 됩니다.

1. 내가 한 일에 대해 낮은 평가결과를 받으면 슬프다.

⑥	⑤	④	③	②	①
전혀 아니다	아니다	약간 아니다	약간 그렇다	그렇다	매우 그렇다

2. 나쁜 결과를 받을 때마다 어딘가로 숨고 싶어진다.

⑥	⑤	④	③	②	①
전혀 아니다	아니다	약간 아니다	약간 그렇다	그렇다	매우 그렇다

3. 무슨 일을 할 때 실수할까 봐 걱정을 많이 한다.

⑥	⑤	④	③	②	①
전혀 아니다	아니다	약간 아니다	약간 그렇다	그렇다	매우 그렇다

4. 일을 하다가 실수를 하면 매우 화가 난다.

⑥	⑤	④	③	②	①
전혀 아니다	아니다	약간 아니다	약간 그렇다	그렇다	매우 그렇다

5. 이해하지 못하는 것이 있으면 누군가에게 도움을 청한다.

①	②	③	④	⑤	⑥
전혀 아니다	아니다	약간 아니다	약간 그렇다	그렇다	매우 그렇다

6. 무슨 일에서 실수를 하면 다음에 잘하기 위해서 계속해서 해본다.

①	②	③	④	⑤	⑥
전혀 아니다	아니다	약간 아니다	약간 그렇다	그렇다	매우 그렇다

7. 내가 한 일에 대해 낮은 평가를 받으면 다시 돌아가서 만족스러울 때까지 계속 다시 해본다.

①	②	③	④	⑤	⑥
전혀 아니다	아니다	약간 아니다	약간 그렇다	그렇다	매우 그렇다

8. 무슨 일에서 낮은 평가를 받으면 마음을 다잡고 열심히 하려고 결심하곤 한다.

①	②	③	④	⑤	⑥
전혀 아니다	아니다	약간 아니다	약간 그렇다	그렇다	매우 그렇다

9. 어렵거나 도전적인 일을 하는 것은 재미있다.

①	②	③	④	⑤	⑥
전혀 아니다	아니다	약간 아니다	약간 그렇다	그렇다	매우 그렇다

10. 나는 나의 능력을 시험해 볼 수 있는 도전적인 일을 하는 것을 좋아한다.

①	②	③	④	⑤	⑥
전혀 아니다	아니다	약간 아니다	약간 그렇다	그렇다	매우 그렇다

11. 낮은 평가를 받더라도 어려운 일을 시도하는 것을 좋아한다.

①	②	③	④	⑤	⑥
전혀 아니다	아니다	약간 아니다	약간 그렇다	그렇다	매우 그렇다

12. 선택이 가능하다면 나는 쉬운 일보다는 어려운 일을 선택할 것이다.

①	②	③	④	⑤	⑥
전혀 아니다	아니다	약간 아니다	약간 그렇다	그렇다	매우 그렇다

{ 채점 방법과 점수 해석 }

→ 모든 문항에 응답했으면 먼저 하위척도 점수를 산출해야 하는데 각 문항에 대해 '전혀 아니다'부터 '매우 그렇다'의 6가지 응답 선택항들 중에서 하나를 선택해 응답한 것을 확인하고 그에 배정된 점수들을 합산하여 문항 수로 나누어 평균을 계산한다. 이 때 각 문항 하단에 제시된 응답 선택항에 있는 번호를 확인해야 하는데, 부정적으로 기술된 문항들에는 '전혀 아니다'는 ⑥으로 '매우 그렇다'는 ①로 표시되어 있는 것에 유의해야 한다. 예를 들어, "학교 성적이 나빠지면 매우 슬퍼진다"에 대해서는 '전혀 아니다'는 6점으로, '매우 그렇다'는 1점으로 점수를 매겨야 한다. 왜냐하면 이 문항은 부정적인 태도를 얼마나 많이 갖고 있는가를 나타내는 문항이기 때문에 이 문항에 찬성하면 실패내성이 낮은 것을 의미하기 때문이다.

학업적 실패내성 척도를 채점할 때는 감정 척도는 1번~6번, 행동 척도는 7번~12번, 과제난이도선호 척도는 13번~18번 응답 선택항의 숫자를 합산하여 각각 6으로 나누면 된다. 성인용 실패내성 척도에서는 1번~4번, 5번~8번, 9번~12번 문항들이 각각 감정, 행동, 과제난이도선호 하위 척도를 구성하는 것이므로 이 문항들에 대한 응답 선택항의 숫자를 합산해서 각각 4로 나누면 된다.

　전체 실패내성을 평가할 때는 위에서 계산한 세 가지 하위척도 평균들을 합산해서 3으로 나누면 된다. 계산된 전체 척도 점수는 척도의 중간값 3.5를 기준으로 이보다 높고 낮은 정도에 따라 실패내성이 높고 낮은 정도를 평가할 수 있고, 또한 각 하위 요인별로도 높고 낮음을 평가하여 자신의 강점과 취약점을 확인할 수 있다. 산출된 점수들은 다른 사람과의 비교를 통해 상대적인 평가도 가능하다. 낮은 점수가 나왔거나 좀 더 자신의 실패내성을 향상시키기 원하는 사람들은 '제6장 실패내성 증진시키기'를 참조하면 도움을 받을 수 있을 것이다.

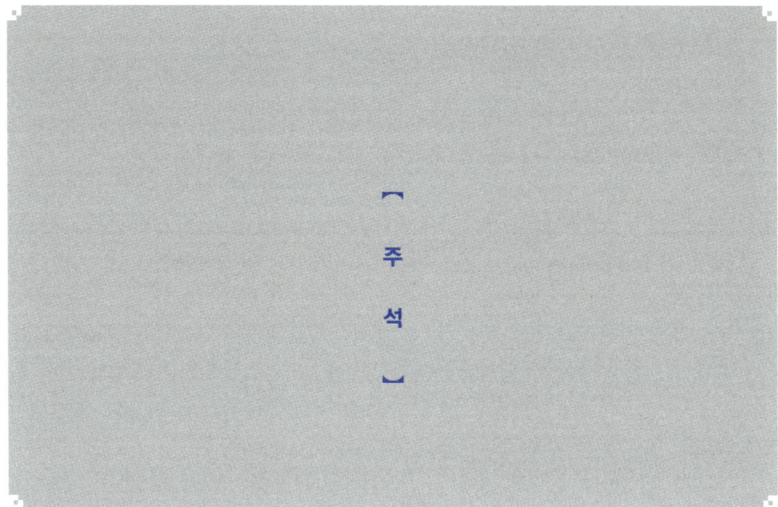

[주석]

1) Skinner, B. F. (1953). *Science and human behavior*. New York: Mcmillan.

2) 조선일보 2017.04.22. 아이들이 행복하지 않은 나라. A34면2단.

3) Seligman, M. E. P., & Maier, S. F. (1967). Failure to escape traumatic shock. *Journal of Experimental Psychology, 74*, 1–9.

4) Glasser, W. (1969). *Schools without failure*. New York: Harper & Row.

5) Overmier, J. B., & Seligman, M. E. P. (1967). Effects of inescapable shock upon subsequent escape and avoidance learning. *Journal of Comparative and Physiological Psychology, 63*, 23–33.
Seligman, M. E. P., & Maier, S. F. (1967). Failure to escape traumatic shock. *Journal of Experimental Psychology, 74*, 1–9.

6) 위와 동일

7) Hiroto, D. S., & Seligman, M. E. P. (1975). Generality of learned helplessness in man. *Journal of Personality and Social Psychology, 31*, 311–327.

8) Maier, S. F., & Seligman, M. E. P. (1976). Learned helplessness: Theory and evidence. *Journal of Experimental Psychology, 105*, 3-46.

9) Gatchel, R. J., Paulus, P. B., & Maples, C. W. (1975). Learned helplessness and self-reported affect. *Journal of Abnormal Psychology, 16*, 732-734.

10) Hiroto, D. S., & Seligman, M. E. P. (1975). Generality of learned helplessness in man. *Journal of Personality and Social Psychology, 31*, 311-327.

11) '자기개념'은 영어의 'self-concept'를 번역한 용어로 심리학에서 국내에 처음 소개될 때 '자아개념'이란 용어로 번역되어 사용되어 왔다. 그러나 심리학에서는 자신을 지칭할 때 'self'와 'ego'라는 두 가지 용어가 사용된다. 'self'는 보다 일반적인 용어로 '자기'로, 'ego'는 정신분석학적 맥락에서 사용하는 용어로 '자아'로 해석하는 것이 적절하다.

12) 보다 구체적인 내용은 [김아영(2010) 학업동기-이론, 연구와 적용. 서울: 학지사] 참고

13) Bandura, A. (1977). Self-efficacy: Toward a unifying theory of behavioral change. *Psychological Review, 84*, 191-215.

14) 예일대학에서 1972년에 박사 학위를 받고 콜롬비아대학, 하버드대학, 일리노이대학을 거쳐 현재 스탠포드대학에 재직하고 있는 심리학자로 2006년 *"Mindset: The new psychology of success"* (사고방식: 성공에 대한 새로운 심리학)이라는 저서를 펴내 다시 주목을 받고 있음.

15) Diener, C. I., & Dweck, C. S. (1978). An analysis of learned helplessness: Continuous changes in performance, strategy, and achievement cognitions following failure. *Journal of Personality and Social Psychology, 36*, 451-462.

16) Diener, C. I., & Dweck, C. S. (1978). 위와 동일.
Diener, C. I., & Dweck, C. S. (1980). An analysis of learned helplessness: II. The processing of success. *Journal of Personality and Social Psychology, 39*, 940-952.

17) Dweck, C. S. (2006). *Mindset: The new psychology of success*. New York: Random House.

18) Clifford, M. M. (1984). Thoughts on a theory of constructive failure. *Educational Psychology, 19*, 108–120.

19) 동기 이론에 관한 자세한 내용은 [김아영, 김성일, 봉미미, 조윤정(2022). 학습동기-이론 및 연구와 적용. 서울: 학지사] 참고

20) Deci, E. L., & Ryan, R. M. (1985). *Intrinsic motivation and self-determination in human behavior*. New York: Academic Press.

21) Ryan, R. M., & Deci, E. L. (2017). *Self-determinationtheory*. New York: The Guilford Press.

22) Deci, E. L., & Ryan, R. M. (2000). The "what" and "why"of goal pursuits: Human needs and the self-determination of behavior. *Psychological Inquiry, 11*, 227–268.

23) 김아영, 차정은, 이다솜, 임인혜, 탁하얀, 송윤아 (2008). 부모의 자율성 지지가 초등학생의 자기조절학습 효능감에 미치는 영향: 자기결정동기의 매개효과. **한국교육, 35**(4), 3–24.

24) 김아영, 차정은 (2010). 모의 양육 행동이 아동의 양육 행동 지각, 학업적 자기효능감 및 학업 성취도에 미치는 효과 분석: 자기조절동기의 매개효과를 중심으로. **교육심리연구, 24**(3), 563–582.
김주영, 김아영 (2014). 교사의 조건부 관심 및 자율성지지와 초등학생의 자기결정동기, 학업 참여 및 성취도간의 관계. **교육심리연구, 28**(2), 251–268.

25) Csikszentmihalyi, M. (1975). *Beyond boredom and anxiety*. San Francisco: Jossey-Bass.
Csikszentmihalyi, M. (1990). *Flow: The psychology of optimal experience*. New York: Harper & Row.

26) Csikszentmihalyi, M., & Csikszentmihalyi, I. (Eds.) (1988). *Optimal experiences: Psychological studies of flow in consciousness.* New York: Cambridge University Press.

27) 강화 이론은 모든 교육심리학 관련 책에서 찾아 볼 수 있다.

28) Lepper, M. R., Greene, D., & Nisbett, R. E. (1973). Undermining children's intrinsic interest with extrinsic rewards: A test of the "overjustification" hypothesis. *Journal of Personality and Social Psychology, 28,* 129–137.Lepper, Greene, & Nisbett, 1973

29) Deci, E. L. (1971). Effects of externally mediated rewards on intrinsic motivation. *Journal of Personality and Social Psychology, 18,* 105–115.

30) Cameron, J., & Pierce, W. D. (1994). Reinforcement, reward, and extrinsic motivation: A meta-analysis. *Review of Educational Research, 64,* 363–423.

31) Ryan, R. M., & Deci, E. L. (2017). *Self-determination theory.* New York: The Guilford Press.

32) Deci, E. L. (1972). Intrinsic motivation, extrinsic reinforcement, and inequity. *Journal of Personality and Social Psychology, 22,* 113–120.

33) 보상의 효과에 대한 종합적 논의에 관심이 있으면 김아영(2010)을 참고하면 된다.

34) Clifford, M. M. (1984). Thoughts on a theory of constructive failure. *Educational Psychology, 19,* 108–120.

35) 위와 동일

36) Kim, A. (1986). An initial test of the theory of constructive failure: The relationship between goal difficulty, goal source and response following failure. Doctoral dissertation, University of Iowa.

37) Jones, S. L., Nation, J. R., & Massad, P. (1977). Immunization against learned helplessness in man. *Journal of Abnormal Psychology, 86*, 75–83.

38) Seligman, M. E. P. & Grove, D. (1970). Non-transient learned helplessness. *Psychonomic Science, 19*, 191–192.

39) 김아영 (1994). 한국형 실패에 대한 내성 척도 개발 예비 연구. **교육학연구, 32**(3), 39–75.

40) 김주환 (2011). **회복탄력성**. 서울: 위즈덤하우스.
Masten, A. S., & Reed, M. G. J. (2001). Resilience in development. In C. R. Snyder & S. J. Lopez (Eds.), *Handbook of Positive Psychology*, 74–88. New York: Oxford University Press.

41) Atkinson, J. W. (1964). *An introduction to motivation*. New York: D. Van Nostrand.
Csikszentmihalyi (1975, 1990) 25와 동일

42) Kim, A. (1986) 36과 동일

43) Deci, E. L., & Ryan, R. M. (2000). The "what" and "why" of goal pursuits: Human needs and the self-determination of behavior. *Psychological Inquiry, 11*, 227–268.

44) Weiner, B. (1992). *Human Motivation: metaphors, theories, and research*. Newbury Park, CA: Sage.

45) Dweck, C. S., & Repucci, N. D. (1973). Learned helplessness and reinforcement responsibility in children. *Journal of Personality and Social Psychology, 25*, 109–116. Dweck, C. S. (1975). The role of expectations and attributions in the alleviation of learned helplessness. *Journal of Personality and Social Psychology, 31*, 674–685.

46) Covington, M. V., & Omelich, C. L. (1979). Effort: the double edged sword in school achievement, *Journal of Educational Psychology, 71*, 169–182.

47) Nicholls, J. (1984). Achievement motivation: Conceptions of ability, subjective experience, task choice, and performance. *Psychological Review, 91*, 328–346.
Ames, C. (1992). Classroom: Goals, structures, and student motivation. *Journal of Educational Psychology, 84*, 261–271.

48) Elliot, A. (1999). Approach and avoidance motivation and achievement goals. *Educational Psychologist, 34*, 169–190.
Elliot, A., & Harackiewicz, J. (1996). Approach and avoidance goals and intrinsic motivation: A mediational analysis. *Journal of Personality and Social Psychology, 70*, 461–475.

49) Reeve, J. (2015). *Understanding motivation and emotion* (6th Ed.). John Wiley & Sons, Inc.

50) Diener, E., & Biswas-Diener, R. (2008). *Happiness: Unlocking the mysteries of psychological wealth*. Malden, MA: Blackwell Publishing.

51) 김아영 (1997). 학구적 실패에 대한 내성의 관련변인 연구. **교육심리연구, 11**(2), 1–19.

52) Bandura, A. (1997). *Self-efficacy: The excercise of control*. New York: Freeman.

53) 황매향, 장수영, 유성경 (2007). 학업우수 청소년의 자아존중감 및 애착과 학업적 실패내성과의 관계. **교육심리연구, 21**(4), 1029–1046.

54) 박상희 (2009). 초등학생의 자아탄력성, 실패내성, 학교적응 관계 연구. **초등교육학연구, 16**(2), 59–81.

55) 조한익, 조윤희 (2011). 지각된 모의 양육 행동이 실패내성에 미치는 영향: 성취목표의 매개역할. **청소년학연구, 18**(9), 211–236.

56) 황매향, 장수영, 유성경 (2007). 학업우수 청소년의 자아존중감 및 애착과 학업적 실패내성과의 관계. **교육심리연구, 21**(4), 1029-1046.

57) 김아영, 주지은 (1999). 학습된 무기력, 실패내성과 학업성취 간의 관계. **교육과학연구, 29**(6), 157-176.

58) 박상희 (2009). 초등학생의 자아탄력성, 실패내성, 학교적응 관계 연구. **초등교육학연구, 16**(2), 59-81.

59) 천경희, 송영명 (2011). 의과대학생의 학업적 실패내성과 학업적 자기효능감에 따른 성취 목표 지향성의 차이. **교육학연구, 49**(3), 183-211.

60) 김아영 (1994). 한국형 실패에 대한 내성 척도 개발 예비 연구. **교육학연구, 32**(3), 39-75.
황매향, 장수영, 유성경 (2007). 학업우수 청소년의 자아존중감 및 애착과 학업적 실패내성과의 관계. **교육심리연구, 21**(4), 1029-1046.

61) 이후부터는 편의상 존칭을 생략하고 '마이클' 그리고 'C'로 지칭할 것임

62) 마이클은 2013년 한국으로 이주하면서 본격적으로 한국어를 배우기 시작해서 아직은 자신의 생각과 감정을 심도 있게 잘 표현하는 것이 어려워 보였기 때문에 인터뷰는 영어로 진행하였으며 이후에 제시되는 모든 직접 인용문에서 불분명하거나 매끄럽지 못한 부분은 약간의 수정이 있었음.

63) 박경환 (2008). 학습된 무기력과 실패내성이 학업 성취도와 직무성과에 미치는 영향. **지식경영연구, 9**(1), 61-76.

64) Clifford, M. M. (1990). Students need challenge, not easy success. *Educational Leadership, 48*(1), 22-26.

65) https://www.smith.edu/news-events/news/failing-well-campus-series-helps-students-rethink-setbacks

66) https://careernavigator.gradeducation.hms.harvard.edu/success-failure-project

67) Lipson, A. (2009). *How to have a really successful failure.* Cambridge, MA: Harvard University.

68) http://innovation.davidson.edu/homepage-slider/failure-fund/

69) https://hurthub.davidson.edu/try-it-fund/

70) Dweck, C. S. (1975). The role of expectations and attributions in the alleviation of learned helplessness. *Journal of Personality and Social Psychology, 31,* 674–685.

71) Brown, J., & Weiner, B. (1984). "Affective consequences of ability versus effort ascriptions: Controversies, resolutions, and quandaries. *Journal of Educational Psychology, 76,* 146–158.

72) Anderson, C. A., & Jennings, D. L. (1980). When experiences of failure promote expectations of success: The impact of attribution failure to ineffective strategies. *Journal of Personality 48,* 393–407.

73) McNabb, T. (1986). The effects of strategy and effort attribution training on the motivation of subjects differing in perceived math competence and attitude toward strategy and effort. Doctoral dissertation, University of Iowa, Iowa City, Iowa.

74) Dweck, C. S. (2006). *Mindset: The new psychology of success.* New York: Random House.

75) Dweck, C. S. (2014). The power of believing that you can improve. TED.com (2014.12.17.)

76) Moser, J. S., Schroder, H. S., Heeter, C., Moran, T. P., & Lee, Y. H. (2011). Mind your errors: evidence for a neural mechanism linking growth mind-set to adaptive posterror adjustments. *Psychological Science, 22*(12), 1484–1489.

77) Dweck, C. S. (2015). Teaching a growth mindset, YouTube 2015.11.3.

78) Dweck, C. S. (2015). Teaching a growth mindset, YouTube 2015.11.3.

79) Duckworth, A. (2016). *Grit: The power of passion and perseverance*. New York, NY: Simon & Schuster.

80) 임성애, 이은주 (2016). 심리적 안녕감에 대한 자기결정성동기와 생애목표의 이질적 효과 및 예측요인 검증. **교육심리연구, 30**(1), 85-110.

81) Jang, H., Reeve, J., & Halusic, M. (2016). A new autonomy-supportive way of teaching that increases conceptual learning: Teaching in students' preferred ways. *The Journal of Experimental Education, 84*(4), 686-701.

82) Grolnick, W. S. (2009). The role of parents in facilitating autonomous self-regulation for education. *Theory and Research in Education, 7*(2), 164-173.

83) Grolnick, W. S., & Ryan, R. M. (1989). Parent styles associated with children's self-regulation and competence in school. *Journal of Educational Psychology, 81*(2), 143-154.

84) Henderlong, J., & Lepper, M. R. (2002). The effects of praise on children's intrinsic motivation: A review and synthesis. *Psychological Bulletin, 128*, 774-795.

85) The New York Times. 2017년 7월 24일 인터넷판
http://www.nytimes.com/2017/07/24/fashion/fear-of-failure.html

86) 김아영 (1994). 한국형 실패에 대한 내성 척도 개발 예비 연구. **교육학연구, 32**(3), 39-75.

87) 김아영 (2002). 학업동기척도 표준화 연구. **교육평가연구, 15**(1), 157-184.

"실패는 어떤 사람들을 매우 황폐하게 만들 수 있겠지만
저를 그렇게 만들지는 못해요. 실패는 저를 멈추게 하지 못해요.
그런 의미에서 저는 어느 정도 (실패)내성이 있다고 하겠네요.
저는 확실히 다른 사람들보다 앞으로 어떻게 할 것인가가
더 중요하다고 생각하거든요."

– 마이클 리와의 인터뷰 중에서 [**사진 제공** 블루스테이지]